Werner Dommershausen

Die Umwelt Jesu

Politik und Kultur
in neutestamentlicher Zeit

Herder
Freiburg · Basel · Wien

VIERTE AUFLAGE ALS SONDERAUSGABE

Herstellung: Freiburger Graphische Betriebe 1987
ISBN 3-451-20886-5

Vorwort

Dieser Band – aus Vorlesungen erwachsen, die ich an der Theologischen Fakultät Trier für die Anfangssemester gehalten habe – ist als Leitfaden für Studenten gedacht, möchte zugleich aber all denen eine Hilfe sein, die sich um die Kenntnis der näheren und weiteren Umwelt des Neuen Testaments bemühen. Da das Judentum ein tragendes Element der Zeit Jesu ist, wird seine mit der persischen Herrschaft beginnende Geschichte in kurzen Zügen aufgezeigt. Die Kulturgeschichte will nur eine Auswahl der manigfachen Erscheinungen auf dem Gebiet des wirtschaftlichen, gesellschaftlichen und religiös-geistigen Geschehens sein.

Auf die benutzte allgemeinere Literatur wird in einer Übersicht zu Beginn des Werkes aufmerksam gemacht. Die für die einzelnen Zeitperioden und Kulturerscheinungen wichtige und verarbeitete neuere Spezialliteratur ist vor jedem Paragraphen bzw. Abschnitt angegeben. Auf größere Anmerkungen konnte deshalb verzichtet werden.

Wir haben nur den einen Wunsch: Das Buch möge bei recht vielen – um mit Eph 1,18 zu reden – die Augen des Herzens hellsichtig machen für das denkwürdige, vom Christentum angetretene Erbe.

Trier, im Januar 1977 *Werner Dommershausen*

Zur Sonderausgabe

Für die 4. Auflage, die als Sonderausgabe erscheint, wurden die Literaturangaben durchgesehen und, soweit möglich, die Neuerscheinungen der letzten zehn Jahre anstelle einiger älterer Werke eingefügt. Möge das Werk in dieser Form weiterhin seine guten Dienste tun.

Davos, im Januar 1987 *Werner Dommershausen*

Inhalt

Abkürzungsverzeichnis

BiLe	Bibel und Leben (Düsseldorf).
BiLi	Bibel und Liturgie.
Bill.	*H. L. Strack – P. Billerbeck,* Kommentar zum Neuen Testament aus Talmud und Midrasch, Bd. I–IV in 5. Aufl., Bd. V/VI in 3. Aufl. (München 1969).
BLE	Bulletin de Littérature Ecclésiastique (Toulouse).
BZ	Biblische Zeitschrift (Paderborn).
DBS	Dictionnaire de la Bible, Supplément (Paris 1928ff).
EvTh	Evangelische Theologie (München).
HThR	The Harvard Theological Review (Cambridge/Mass.).
IEJ	Israel Exploration Journal (Jerusalem).
JBL	Journal of Biblical Literature (Boston).
JJS	Journal of Jewish Studies (London).
JQR	The Jewish Quarterly Review (London).
JSJ	Journal for the Study of Judaism in Persian, Hellenistic and Roman Period (Leiden).
JSSt	Journal of Semitic Studies (Manchester).
NTS	New Testament Studies (Cambridge – Washington).
PEQ	Palestine Exploration Quarterly (London).
RB	Revue Biblique (Paris).
REJ	Revue des Études Juives (Paris).
SBS	Stuttgarter Bibelstudien.
SPAW.PH	Sitzungsberichte der preußischen Akademie der Wissenschaften zu Berlin – Philosophisch-historische Klasse.
SSAW.PH	Sitzungsberichte der sächsischen Akademie der Wissenschaften zu Leipzig – Philologisch-historische Klasse.
ThLZ	Theologische Literaturzeitung (Leipzig).
ThWNT	Theologisches Wörterbuch zum Neuen Testament, hrsg. von *G. Kittel – G. Friedrich* (Stuttgart 1933ff).
ThZ	Theologische Zeitschrift (Basel).
ZDPV	Zeitschrift des Deutschen Palästina-Vereins (Wiesbaden).
ZNW	Zeitschrift für die neutestamentliche Wissenschaft (Berlin).

Allgemeine Literatur

J. M. Allegro, The Chosen People. A Study of Jewish History from the Time of the Exile until the Revolt of Bar Kocheba (London 1971).
M. Avi-Yonah, Geschichte des Heiligen Landes (Wiesbaden 1975).
C. K. Barrett, Die Umwelt des Neuen Testaments. Ausgewählte Quellen (Tübingen 1959).
M. A. Beek, Geschichte Israels. Von Abraham bis Bar Kochba (Stuttgart [5]1983).
O. Betz – K. Haaker – M. Hengel (Hrsg.), Josephus-Studien. Untersuchungen zu Josephus, dem antiken Judentum und dem Neuen Testament (Göttingen 1974).
A. C. Bouquet, Biblischer Alltag. Zeit des Neuen Testaments (München 1958).
J. Bright, A History of Israel (London – Philadelphia [2]1972).
A. J. Bronkhorst, Von Alexander bis Bar Kochba. 400 Jahre Fremdherrschaft in Israel (Wuppertal 1967).
F. F. Bruce, Zeitgeschichte des Neuen Testaments (Wuppertal 1976).
H. Clementz (Hrsg.), Des Flavius Josephus Jüdische Altertümer, 2 Bde. (Berlin 1923).
P. J. Cools (Hrsg.), Die biblische Welt. Zweiter Band. Das Neue Testament (Olten 1965).
S. Dubnov, History of the Jews from the Beginning to Early Christianity, 2 vol. (New York 1967).
E. L. Ehrlich, Geschichte Israels von den Anfängen bis zur Zerstörung des Tempels (Berlin 1970).
J. Felten, Neutestamentliche Zeitgeschichte, 2 Bde. (Regensburg 1910).
F. V. Filson, Geschichte des Christentums in neutestamentlicher Zeit (Düsseldorf 1967).
W. Foerster, Neutestamentliche Zeitgeschichte (Hamburg 1968).
A. H. J. Gunneweg, Geschichte Israels bis Bar Kochba (Stuttgart [5]1984).
P. Heinisch, Geschichte des AT (Bonn 1950).
S. Herrmann, Geschichte Israels in alttestamentlicher Zeit (München [2]1980).
A. Heuß, Römische Geschichte (Braunschweig [2]1964).

U. Holzmeister, Storia dei tempi del Nuovo Testamento (Turino 1950).
H. G. Kippenberg – G. A. Wewers, Textbuch zur neutestamentlichen Zeitgeschichte (Göttingen 1979).
H. Köster, Einführung in das Neue Testament (Berlin 1980).
J. Leipoldt – W. Grundmann (Hrsg.), Umwelt des Urchristentums, 3 Bde. (Berlin 1967–1971).
E. Lohse, Umwelt des Neuen Testaments (Göttingen [6]1983).
J. Maier, Das Judentum. Von der biblischen Zeit bis zur Moderne (München [2]1973).
J. Maier – J. Schreiner (Hrsg.), Literatur und Religion des Frühjudentums (Würzburg – Gütersloh 1973).
N. A. Maschkin, Römische Geschichte (Berlin 1953).
J. L. McKenzie, The Jewish World in New Testament Times, in: *Fuller-Johnston-Kearns,* A New Catholic Commentary on Holy Scripture (London 1969) 766–783.
M. Metzger, Grundriß der Geschichte Israels (Neukirchen – Vluyn [6]1983).
O. Michel – O. Bauernfeind (Hrsg.), Flavius Josephus. De bello Judaico. Der jüdische Krieg, 3 Bde. (München – Darmstadt 1962–1969).
M. Noth, Geschichte Israels (Göttingen [9]1981).
H. Preisker, Neutestamentliche Zeitgeschichte (Berlin 1937).
W. Rees, The Pagan World in New Testament Times, in: *Fuller-Johnston-Kearns,* A New Catholic Commentary in Holy Scripture (London 1969) 784–793.
B. Reicke, Neutestamentliche Zeitgeschichte. Die biblische Welt 500 v. bis 100 n. Chr. (Berlin [3]1982).
A. Robert – A. Feuillet, Einleitung in die Heilige Schrift, 2. Bd., Neues Testament (Wien 1964).
Th. H. Robinson – W. O. E. Oesterley, A History of Israel, 2 vol. (London 1948).
S. Safrai – M. Stern (Hrsg.), The Jewish People in the First Century. Historical Geography, Political History, Social, Cultural and Religious Life and Institutions (Assen – Philadelphia 1976).
P. Schäfer, Geschichte der Juden in der Antike. Die Juden Palästinas von Alexander d. Gr. bis zur arabischen Eroberung (Stuttgart – Neukirchen-Vluyn 1983).
A. Schlatter, Geschichte Israels von Alexander d. Gr. bis Hadrian (Stuttgart [3]1925) (Neudruck 1977).
C. Schneider, Einführung in die neutestamentliche Zeitgeschichte (Leipzig 1934).
K. Schubert, Israel im Altertum = Die Kultur der Juden I, in: *E. Thurnherr (Hrsg.),* Handbuch der Kulturgeschichte (Frankfurt 1970).

E. Schürer, Geschichte des jüdischen Volkes im Zeitalter Jesu Christi, 3 Bde. (Hildesheim 1970) (Nachdruck von Leipzig 1901–1909).
H. H. Scullard, From the Gracchi to Nero. A History of Rome from 133 B.C. to A.D. 68 (London 1959).
E. M. Smallwood, The Jews under Roman Rule (Leiden 1976).
H. L. Strack – P. Billerbeck, Kommentar zum Neuen Testament aus Talmud und Midrasch, IV. Bd. (München [7]1978).
J. Wellhausen, Israelitische und jüdische Geschichte (Berlin [9]1958, Neudruck 1981).
S. Zeitlin, The Rise and Fall of the Judaean State: A Political, Social and Religious History of the Second Commonwealth, 2 vol. (Philadelphia 1967).
Ders., Studies in the Early History of Judaism, vol. I–III (New York 1973–75).

Erster Teil

Die politische Zeitgeschichte des Neuen Testaments

§ 1. Die Anfänge des Judentums in persischer Zeit (539–332)

Literatur: *H. Bardtke,* Elephantine und die jüdische Gemeinde der Perserzeit, in: Das Altertum 6 (1960) 13–31. *H. Kreißig,* Die sozialökonomische Situation in Juda zur Achämeniden-Zeit (Berlin 1973). *R. Mayer,* Das achämenidische Weltreich und seine Bedeutung in der politischen und religiösen Geschichte des antiken Orients, in: BZ 12 (1968) 1–16. *B. Meissner,* Die Achämenidenkönige und das Judentum, in: SPAW.PH 1938, 6–26. *A. T. Olmstead,* History of the Persian Empire (Chicago [6]1970). *M. Smith,* Das Judentum in Palästina während der Perserzeit, in: H. Bengtson (Hrsg.), Griechen und Perser (Frankfurt 1965) 356–370.

In der zweiten Hälfte des 6. Jahrhunderts v. Chr. gelingt es dem Perserkönig Cyrus und seinem Sohn Kambyses von der Dynastie der Achämeniden, den gesamten Vorderen Orient in einem Großreich zusammenzufassen. Besonders die Eroberung des Neubabylonischen Reiches durch Cyrus im Jahre 539 und die damit verbundene Besetzung von Syrien-Palästina [1] berührt in mannigfacher Weise die Interessen der jüdischen Gemeinden von Babylon und Jerusalem mit ihrer weiteren Umgebung. Das Entscheidende aber besteht darin, daß Cyrus die Juden aus der sogenannten Babylonischen Gefangenschaft befreit und zugleich eine *Neuorganisation des Judentums* in der Heimat und in der Diaspora ermöglicht [2]. In unserer folgenden Betrachtung sollen deshalb nur die für das Judentum wichtigen Ereignisse und Anordnungen kurz erwähnt werden.

[1] Wir wissen nicht, ob Südsyrien und Palästina bereits vor oder erst nach der Eroberung Babylons Cyrus als Herrn anerkannt haben.

[2] Vgl. *K. Galling,* Studien zur Geschichte Israels im persischen Zeitalter (Tübingen 1964) 1.

1. Cyrus (539–529)

Der *Großkönig Cyrus* vertritt eine neue Innenpolitik. Er gebietet seinen Befehlshabern und Statthaltern, die Traditionen und Eigenarten der untertanen Völker zu respektieren, deren Eigenleben zu fördern und vor allem die angestammten Kulte weiterzupflegen und durch Staatsmittel zu unterstützen. Für die Juden bedeutet das:

a) Durch das offizielle Aufhören des Babylonischen Exils und die Erlaubnis zur Rückwanderung wird dem *Nationalbewußtsein* Judas Rechnung getragen.

b) Der Großkönig betrachtet sich als Rechtsnachfolger des ehedem königlichen *Heiligtums zu Jerusalem.* Er gestattet dessen Wiederaufbau und die Herausgabe der von Nebukadnezzar als Beute mitgeführten Tempelgeräte.

c) Cyrus erkennt die wichtigsten *Sprachen* seiner Untertanen an; seine Monumentalinschriften z.B. bieten den Text in altpersischer, elamischer und babylonischer Fassung und sind in Keilschrift geschrieben. Für den südwestlichen Teil des Großreiches, für Syrien, Palästina und Ägypten[3] wird die in Handel und Politik maßgebliche Sprache das in einfacher Buchstabenschrift geschriebene Aramäisch. Für die geistige Einheit und Entwicklung des Judentums ist das besonders wichtig (Volkssprache zur Zeit Jesu!).

2. Darius I. (522–486)

Der Perserkönig *Darius I.* setzt die Politik des Cyrus fort. Er teilt das Reich in 20 *Satrapien* ein, an deren Spitze die Satrapen (Vizekönige) stehen, denen die Statthalter (Pascha) der Provinzen verantwortlich sind. Syrien-Palästina bildet die 5. Satrapie mit dem Namen *'Abar-nahara* (= „jenseits des Stromes", Transeufrat, vom Zweistromland aus gesehen) und der Hauptstadt Damaskus. Der für Jerusalem zuständige Pascha hat seinen Sitz in Samaria.

[3] Es wurde 525 zusammen mit Libyen durch Kambyses erobert.

Im Jahre 515 wird der *neue Tempel* eingeweiht, und unter dem ersten Hohenpriester Josua setzt der Dienst der Priester und Leviten ein, der bis 70 n. Chr. fortdauert. Der Tempel ist jetzt nicht mehr Heiligtum des Königs, sondern Kultmittelpunkt der Gemeinde, zu der auch die wenigen Nachfahren der alten israelitischen Stämme zu rechnen sind, die außerhalb von Jerusalem-Juda, etwa in den Bezirken Samaria, Akko, Ammon und Aschdod, wohnen. Der Davidide Serubbabel umgibt sich mit einem Rat von „Ältesten" (Patriziern), in dem man die Anfänge des Hohen Rates, des Synedriums, der neutestamentlichen Zeit sehen darf. Die von Darius geschaffenen Miltär- und Poststraßen kommen dem kulturellen Austausch zugute. Die von Susa nach Ephesus führende Königsstraße z.B. ist noch im 1. nachchristlichen Jahrhundert für die Verkündigung eines Paulus bedeutsam.

3. Nehemia und Esra

In den Jahren *nach 450 v. Chr.* – wahrscheinlich unter Artaxerxes I. (465–425) – unternehmen zwei Männer einen *Restaurationsversuch* und geben dem Judentum ein Gepräge, das es noch lange bewahren soll: Nehemia und Esra[4]. Beide entstammen der Gruppe der nach Babylon Deportierten und sind vom persischen Hof zu ihrem Werk ermächtigt. *Nehemia ist Mundschenk* im Palast zu Susa. Er soll der Provinz Juda gegenüber Samaria eine selbständigere Stellung geben. Er baut die Mauern Jerusalems auf und befestigt sie. Er verstärkt die Stadt auch bevölkerungsmäßig durch Neuansiedlung. Er behebt die sozialen und wirtschaftlichen Mißstände, indem er u.a. einen allgemeinen Schulderlaß anordnet, Schatzmeister für die verschiedenen Abgaben ernennt und den Geschäftsbetrieb am Tempel regelt.

[4] In der historischen Wissenschaft ist heute die Auffassung vorherrschend, daß im Gegensatz zur atl. Darstellung Nehemia zeitlich vor Esra nach Jerusalem kam. Vgl. *V. Pavlovský,* Die Chronologie der Tätigkeit Esdras. Versuch einer neuen Lösung, in: Biblica 38 (1957) 275–305, 428–456.

Esra ist Priester; seine Mission berührt primär geistig-religiöse Angelegenheiten. Er macht die Tora zum offiziellen Gesetz; das Festhalten an ihr gewährleistet schließlich die Fortführung des Tempelgottesdienstes nach einem bestimmten Ritual und das Weiterleben des jüdischen Gemeinwesens überhaupt. Durch sein Einschreiten gegen die Mischehen gebietet er der schleichenden Verschmelzung mit fremden Glaubenselementen Einhalt.

4. Das Judentum im 5./4. Jahrhundert

Sonst ist über die *Geschichte des Judentums im 5./4. Jahrhundert* recht wenig bekannt. Die intensive Beschäftigung mit dem schriftlich fixierten Gesetz begründet wohl im Laufe dieser Zeit den besonderen Berufsstand des Schriftgelehrten. Auch die gottesdienstlichen Formen der späteren *Synagoge* mögen in Zusammenkünften mit Gesetzeslektüre ihre Wurzeln haben. Für die relative Eigenständigkeit der Provinz Juda spricht noch die Tatsache, daß sich aus dem 4. Jahrhundert Silbermünzen mit der Aufschrift *„jhd"* (= Juda) gefunden haben. Auf griechischen – wohl durch die phönizischen Küstenstädte vermittelten – Einfluß weisen die Bilder dieser Münzen hin: der Gott Zeus und die attische Eule. Bedeutsam wird allmählich die *jüdische Diaspora,* die sich immer mehr ausdehnt. Sie erstreckt sich auf Babylonien, Medien, das ionische Kleinasien (Sardes), Unter- und Oberägypten. Papyri aus dem 5. Jahrhundert vermitteln uns Kenntnis von der oberägyptischen Gruppe, einer Militärkolonie auf der Nilinsel Elephantine, die einen kleinen Tempel besitzt und der vom Satrapen Ägyptens zum Beispiel eine Anweisung zur Feier des Mazzotfestes erteilt wird.

§ 2. Ptolemäer, Hellenismus und syrische Herrschaft (331–142)

Literatur: *Baer Y.*, The Persecution of Monotheistic Religion by Antiochus Epiphanes (hebr.), in: Zion 33 (1968) 101–124. *E. J. Bikerman*, From Ezra to the Last of the Maccabees. Foundation of Post-Biblical Judaism (New York 1962). *Ders.*, Institutions des Séleucides (Paris 1938). *J. G. Bunge*, Zur Geschichte und Chronologie des Untergangs der Oniaden und des Aufstiegs der Hasmonäer, in: JSJ 6 (1975) 1–46. *F. M. Cross*, Aspects of Samaritan and Jewish History in late Persian and Hellenistic Times, in: HThR 59 (1966) 201–211. *W. Dommershausen*, 1 Makkabäer, 2 Makkabäer (Würzburg 1985). *M. Hengel*, Juden, Griechen und Barbaren. Aspekte der Hellenisierung des Judentums in vorchristlicher Zeit (SBS 76) (Stuttgart 1976). *P. van 't Hof*, Bijdrage tot de kennis van Antiochus IV Epiphanes, koning van Syrië (Amsterdam 1955). *H. L. Jansen*, Die Politik Antiochos' IV. (Oslo 1943). *F. Kiechle*, Antiochos IV. und der letzte Versuch einer Konsolidierung des Seleukidenreiches, in: Geschichte in Wissenschaft und Unterricht 14 (1963) 159–170. *O. Plöger*, Die Feldzüge der Seleukiden gegen den Makkabäer Judas, in: *ders.*, Aus der Spätzeit des Alten Testaments (Göttingen 1971) 134–164. *J. M. Schmidt*, Der Aufstand der Makkabäer gegen die griechische Kultur, in: Christentum und Gesellschaft. Ringvorlesung der Ev. Theol. Fakultät der Universität Hamburg (1969) 63–97. *H. H. Schmitt*, Untersuchungen zur Geschichte Antiochos' des Großen und seiner Zeit (Historia, Einzelschriften 6) (Wiesbaden 1964). *V. Tcherikover*, Hellenistic Civilization and the Jews (Philadelphia 1961). *C. Thoma*, Judentum und Hellenismus, in: BiLe 11 (1970) 151–159.

1. Die ptolemäische Herrschaft

Alexander d. Gr. (336–323) setzt durch seinen entscheidenden Sieg über Darius III. bei Arbela (331) dem Persischen Weltreich ein Ende. Schon vorher – bei seinem Ägyptenfeldzug – hat er Palästina ohne Widerstand eingenommen. Der Übergang von der persischen zur griechischen Weltherrschaft bedeutet für das jüdische Volk zunächst nur die Anerkennung eines neuen Oberherrn. Es verliert keines seiner Rechte, die es aus der Perserzeit besitzt.

Der frühe Tod Alexanders bringt eine Zersplitterung seines Reiches, aus der sich neben Mazedonien noch zwei verhältnismäßig selbständige Machtzentren herauskristallisieren: Babylonien-Syrien unter dem General Seleukus und Ägypten unter dem Satrapen Ptolemäus. Palästina, ständiges Streitobjekt zwischen Syrien und Ägypten, kommt im Jahre 301 für ein Jahrhundert unter die *ptolemäische Herrschaft.*

Während dieser Epoche wird Judäa ziemlich selbständig von den Hohenpriestern verwaltet und muß lediglich eine Kronsteuer entrichten. Die erste Berührung des Judentums mit dem *Hellenismus,* der Kultur der „Alexanderzeit", vollzieht sich zunächst im säkularen Bereich. Das ptolemäische Steuersystem, nach dem die Abgaben aller Art verpachtet werden, wird zu einer festen Einrichtung (Zöllner). Die Verfassung des Tempelstaates der neutestamentlichen Zeit mit dem ausgeglichenen Verhältnis zwischen Hohempriester und Synedrium geht wohl auf die Ptolemäer zurück. Späteren jüdischen militärischen Erhebungen kommt die griechische Kriegstechnik zugute. Überall in Palästina werden nach hellenistischem Muster *neue Städte* gegründet, deren Namen ihren ptolemäischen Ursprung verraten: Philadelphia (benannt nach Ptolemäus II. Philadelphus) an Stelle von Rabba, Ptolemais an Stelle von Akko, Phileuteria am See Gennesaret an Stelle von Bet-Jareach, Skythopolis an Stelle des alten Bet-Schean. Ihre Bewohner entfalten vor allem eine wirtschaftlich-technische Aktivität, der sich die übrigen Landesbewohner nicht verschließen können. Freilich wird im wesentlichen nur die jüdische Oberschicht in diese Kulturströmung hineingezogen. Für die Landbevölkerung bringt die ökonomisch rechnende Art der Großgrundbesitzer und Verwalter manche soziale Härten mit sich. Die Gleichnisse Jesu mit ihren Pächtern, Tagelöhnern und Handelssitten spiegeln dieses Stück Hellenismus wider.

2. Die jüdisch-hellenistische Diaspora

Die Juden dehnen sich nicht nur in Palästina aus (Galiläa, Peräa), es wächst auch die jüdische *Diaspora* durch Söldner, Auswanderer und Sklaven. Neu erfaßt werden die Zyrenaika und der kleinasiatische Raum (Lydien, Phrygien). Die meisten Siedler aber zieht die ptolemäische Metropole Alexandrien an. Hier wohnen die Juden in eigenen Stadtvierteln und genießen in religiöser und kultureller Hinsicht unumschränkte Freiheit. Sie nehmen aber weitgehend hellenistische Lebensweise an: Sie legen sich griechische Namen zu, besuchen Theater und Gymnasien, sie sprechen die Koine (griechische „Gemeinsprache"). Die Verbindung mit dem Jerusalemer Tempel wird durch die Steuer und Wallfahrt gewährleistet, sonst pflegt man den Synagogengottesdienst. Monotheismus und Ethik des Judentums lassen manche Heiden sich von ihren Göttern und Praktiken distanzieren und als *Proselyten* (= Hinzugekommene) zur jüdischen Religion bekennen. Diese Proselyten verstehen kein Aramäisch mehr, die allmählich entstehende griechische Bibel (Septuaginta) wird deshalb das heilige Buch der hellenistischen Juden. Zugleich eröffnet sie der hellenistischen Geisteswelt überhaupt einen Zugang zum Judentum.

3. Das samaritanische Schisma

Samaria tritt wie schon früher Sichem als Tempelbesitzer auf: Man baut auf dem *Garizim* ein *Heiligtum*. Damit ist ein Problem gegeben, das bis in die Zeit Jesu ausstrahlt (Joh 4,20–24). Die Umstände für das eigentliche Aufkommen des samaritanischen Schismas sind nicht ganz einsichtig. Obwohl sich Samaria zunächst dem offenkundigen Interesse der persischen Regierung am Jerusalemer Heiligtum fügt, tendiert es doch auf Gründung eines eigenen Tempels; die Gelegenheit dazu scheint mit dem Untergang des Perserreiches gekommen zu sein. So wird der Tempel also sehr bald in der hellenistischen Zeit gebaut worden sein. Was Flavius Josephus darüber berichtet, ist legendär: Samaria habe sich Alexander sofort unterworfen und dafür die Erlaubnis zum Tempelbau erhalten. Erwähnt wird der Tempel auf jeden Fall zur Zeit Antiochus' IV. (175–163), zerstört wird er 107 v.Chr.

Von Jerusalem aus wird der Kult auf dem Garizim immer als illegitim betrachtet. Die Samaritaner gelten als abtrünnig, kultisch unrein. Ein dürftiger Restbestand dieser Samaritaner versammelt sich noch heute auf dem Garizim.

4. Die Herrschaft der Seleukiden

a) Antiochus III. (223–187)

Gegen Ende des 3. Jahrhunderts werden die Seleukiden immer stärker und erreichen unter Antiochus III. einen Höhepunkt der Machtentfaltung. Nach mehreren vergeblichen Ansätzen gelingt es diesem König, im Jahre 200 bei Paneas im Gebiet der Jordanquellen den Ptolemäer (Ptolemäus V.) entscheidend zu schlagen und Palästina dem Seleukidenreich einzuverleiben. Antiochus III. zeigt der Jerusalemer Gemeinde sogleich sein Wohlwollen. Flavius Josephus überliefert den Wortlaut eines Erlasses mit folgendem Inhalt: Rückführung vieler Gefangener und Sklaven, dreijährige Steuerfreiheit und Herabsetzung der Naturalabgaben, Lieferung der Opfermaterialien, Hilfe bei baulichen Erweiterungen des Heiligtums, Steuerfreiheit des Kultpersonals, des Ältestenrats und der Schriftgelehrten[1]. Auch die Seleukiden fördern die hellenistische Kultur durch neue Städtegründungen. Unter ihnen kommt es auch zu dem großen Konflikt mit dem Judentum in Palästina.

[1] *Flavius Josephus,* Antiquitates XII, 3,3.

Bereits unter *Seleukus IV. (187–175)* beginnt eine härtere Politik. Da die Seleukiden den Römern wegen eines mißglückten Feldzuges Antiochus' III. abgabepflichtig geworden sind, versucht Seleukus, im Jerusalemer Tempel aufbewahrtes Privateigentum zu beschlagnahmen[2].

b) Antiochus IV. Epiphanes (175–163)

Als er im Jahre 175 von seinem Minister Heliodor ermordet wird, bemächtigt sich sein Bruder *Antiochus IV. Epiphanes*[3] der Herrschaft. Er hat vorher als Geisel in Rom gelebt und ist gänzlich vom Hellenismus geprägt. Seine Idee, die Reichseinheit durch eine allgemeine Hellenisierung zu erreichen, führt – besonders in Jerusalem – zu Streitigkeiten zwischen hellenisierenden und gesetzestreuen Juden. Es gibt sogar Kämpfe um das hohepriesterliche Amt, und Antiochus maßt sich an, in diese *innerjüdische Angelegenheit einzugreifen.* An Stelle Onias' III. ernennt er dessen Bruder Jason, der ihm reiche Geldgeschenke und Förderung der Hellenisierung verspricht, im Jahre 174 zum Hohenpriester. Als drei Jahre später der nichtpriesterliche Menelaus dem König eine noch größere Summe anbietet, wird Jason wieder abgesetzt und Menelaus an seiner Stelle Hoherpriester. 169 kehrt Antiochus als Sieger von einem Ägyptenfeldzug zurück. Mit Billigung des Menelaus betritt er den Jerusalemer Tempel und plündert ihn.

Auf seinem zweiten Ägyptenzug (168) wird er von dem römischen Gesandten Popilius Laenas zum Rückzug gezwungen. In seiner Verärgerung läßt er Jerusalem von einem Heer überfallen, plündern und die Mauern niederreißen. Er läßt – wahrscheinlich auf dem Südosthügel – eine Zitadelle, Akra genannt, bauen und mit einer seleukidischen Besatzung belegen. Er *verbietet die Darbringung der herkömmlichen Opfer,* das Halten des Sabbats und der Feste und die Beschneidung; er setzt die Tora als Staatsgesetz außer Kraft und läßt den Kult des Zeus Olympios einrichten. Auch

[2] Vgl. die Heliodorgeschichte in 2 Makk 3.
[3] Epiphanes = „Offenbar" (Gottheit in offenbarer Gestalt?).

in den Ortschaften werden Altäre gebaut, an denen jedermann opfern soll. Die Anordnungen werden streng überwacht und ihre Übertretung mit dem Tode bestraft.

c) Die Makkabäer

Daraufhin kommt es zu einem *Glaubenskrieg*. Der Priester Mattatias aus Modin bei Lydda sammelt Gleichgesinnte um sich und führt zunächst von der Wüste Juda aus einen Guerillakrieg gegen die Abtrünnigen. Ihm schließt sich die Gruppe der sog. Chasidäer[4], der „Frommen“ und Bundestreuen, an, in denen die spätere pharisäische Bewegung wurzelt. Nach seinem Tod (166) übernimmt sein drittältester Sohn *Judas der Makkabäer*[5] die Führung. Ihm gelingt es mehrere Male, seleukidische Truppenteile zu schlagen. Im Jahre 164 kann er in Jerusalem einziehen, den Tempel nach dreieinhalbjähriger Profanierung[6] wieder einweihen[7] und den legitimen Gottesdienst herstellen.

Antiochus IV. stirbt 163 auf einem Feldzug gegen die Parther. Der Reichsverweser Lysias – Antiochus V. ist noch unmündig – greift Judas, der inzwischen Kriegszüge nach Galiläa und dem Ostjordanland unternommen hat, mit starker Macht an und treibt ihn bis nach Jerusalem. Da er aber gleichzeitig gegen einen Thronprätendenten vorgehen muß, versteht er sich schnell zu einem Frieden, in dem den Juden die freie Ausübung ihrer Religion gestattet wird.

In Antiochien bemächtigt sich der bisher in römischer Gefangenschaft festgehaltene Sohn Seleukus' IV. *Demetrius I.* (162–150) des Thrones. In Palästina greift er dreimal ein:

[4] Der Name ist von hebr. ḥāsīd = fromm abzuleiten.

[5] Die Deutung des Namens ist umstritten (Hämmerer, Auslöscher, Erwählter Jahwes, Führer). Am wahrscheinlichsten ist die Herleitung von dem aramäischen maqqaba = Hammer.

[6] Vgl. Offb 11, 2.11; 12,6.14; 13,5: $3^1/_2$ Jahre = 42 Monate = 1260 Tage, auch $3^1/_2$ Tage, spielen auf diese Zeit an.

[7] Das Tempelweihfest, Chanukka, im Monat Dezember hält die Erinnerung an dieses Ereignis aufrecht. Jesus wird an diesem Fest von den Juden in der Messiasfrage angegriffen (Joh 10,22–39).

(1) In Jerusalem verhilft er dem von Judas dem Makkabäer vertriebenen Hohenpriester Alkimus erneut zu seinem Amt.

(2) Da Judas auf völlige Beseitigung der seleukidischen Oberherrschaft drängt, schickt er den General Nikanor mit einem Heer. Dieser wird von Judas geschlagen und getötet.

(3) Noch ehe ein Freundschaftsvertrag zwischen Judas und Rom wirksam werden kann, überträgt er seinem Feldherrn Bakchides den Kampf gegen den Makkabäer. Judas fällt 160 in der Schlacht bei Elasa.

Sein Bruder *Jonatan* stellt sich an die Spitze der Nationalisten und nützt die Thronstreitigkeiten zwischen Demetrius I. und Alexander Balas, der sich als Sohn Antiochus' IV. ausgibt, in geschickter Weise aus. Im Jahre 152 wird ihm von Alexander Balas das Hohepriestertum verliehen, später der Purpurmantel und das Diadem (= Unterkönig im Seleukidenstaat). Jonatan wird politisch immer erfolgreicher. Er kann die Konkurrenz zwischen Demetrius II. und Antiochus VI., den Söhnen Demetrius' I. und Alexander Balas', ausspielen und erhält von beiden Seiten Landteile, so daß sein Gebiet schließlich sogar nichtjudäische Gegenden und befestigte Orte umfaßt. 143 wird er von dem seleukidischen Feldherrn Tryphon, der Jonatans wachsende Macht fürchtet, gefangengenommen und später hingerichtet.

Nachfolger wird sein Bruder *Simon*. Ihm gelingt es im Jahre 142, von Demetrius II. Steuerfreiheit zu erlangen und Jerusalem von der syrischen Besatzung in der Akra zu befreien. Für die Juden bedeutet das politische Unabhängigkeit und eigenes Staatswesen. Es beginnt die 79jährige Freiheitszeit des Hasmonäerreiches[8].

[8] Mattatias und seine Söhne werden auch Hasmonäer genannt, weil sie aus der Familie eines gewissen ḥašmōnī stammen.

§ 3. Das hasmonäische Reich (142–63)

Literatur: *K. Fischer,* Die Herrschaft der Hasmonäer – Idee und Wirklichkeit, in: Theol. Versuche 11 (1979) 45–65. *H. Kreißig,* Zur Rolle der religiösen Gruppen in den Volksbewegungen der Hasmonäerzeit, in: Klio 43ff (1965) 174–182. *C. Rabin,* Alexander Jannaeus and the Pharisees, in: JJS 7 (1956) 3–11. *U. Rappaport,* La Judée et Rome pendant le règne d'Alexandre Jannée, in: REJ, Historia Judaica 127 (1968) 329–345. *S. Zeitlin,* Queen Salome and King Jannaeus Alexander, in: JQR 51 (1960/61) 1–33.

1. Simon (142–134)

Simon wird durch Volksbeschluß als „großer Hoherpriester, Feldherr und Führer der Juden" (1 Makk 13,42) bestätigt. Man beginnt mit dem Jahre 142 eine neue Zeitrechnung und läßt Münzen mit den neuen Jahreszahlen und hebräischer Aufschrift prägen. Simon unterhält ein Söldnerheer, mit dem er in der Küstenebene Geser und Jafo (= Zugang zum Meer) erobert. Im übrigen wird Simon als ein Regent geschildert, der um das Wohl des Volkes bemüht ist und „die Städte des Landes bereist, um nach ihren Bedürfnissen zu schauen" (1 Makk 16,14). Bei einem Besuch in Jericho wird er von seinem Schwiegersohn Ptolemäus, der nach seiner Herrschaft strebt, mitsamt seinen zwei Söhnen Judas und Mattatias ermordet.

2. Johannes Hyrkanus (134–104)

Johannes Hyrkanus I., ein anderer Sohn des Simon, läßt sich vom Volk in die Ämter seines Vaters einsetzen. Er muß sich noch einmal gegen die seleukidischen Machtansprüche wehren und nach einer Belagerung Jerusalems einen hohen Betrag an Antiochus VII. für die von Simon eroberten Städte zahlen. Antiochus aber fällt 128 im Partherkrieg, und in der Folgezeit kann Johannes Hyrkanus – wegen der dauernden Thronwirren in Antiochien – die Expansionspolitik seines Vaters fortsetzen. In Transjordanien nimmt er Madeba ein. In Idumäa besetzt er die Städte Adora und Marescha; er zwingt die Idumäer zur Beschneidung und gliedert sie so *in das Judentum* ein. Er erobert Sichem, zerstört den Garizim-Tempel und nach langer Belagerung auch die Stadt Samaria. Dieses allzu weltliche Machtstreben des Priesterfürsten ruft den Widerspruch der „Gesetzestreuen" hervor, die sich in dieser Zeit in der Volkspartei der Pharisäer organisieren. Hyrkanus nähert sich deshalb der Herrenpartei der Sadduzäer, die ähnlich wie er einen jüdischen Staat nach hellenistischem Muster befürwortet[1].

3. Aristobul I. (104–103)

Noch vor seinem Tod hat Hyrkanus bestimmt, seine Gemahlin solle für die weltlichen Angelegenheiten des Staates zuständig sein, sein Sohn *Judas Aristobul* das hohepriesterliche Amt ausüben. Aristobul jedoch läßt seine Mutter verhungern, seinen Bruder Antigonos ermorden und drei weitere Brüder gefangensetzen. Dem Ausland gegenüber tritt er als König auf. Er kann die aramäische Bevölkerung von *Galiläa*, der späteren Heimat Jesu und der ersten Apostel, und einige dort eingedrungene Ituräerstämme *für das Judentum gewinnen*. Er stirbt nach einjähriger Regierung.

[1] Über die Parteien siehe § 8.

4. Alexander Jannai (103–76)

Aristobuls Gemahlin befreit dessen drei Brüder aus dem Gefängnis und macht einen von ihnen, den *Jonatan (Kosenamen Jannai)* zum König und heiratet ihn. Er baut die Annexionspolitik seines Vaters weiter aus. Sein Angriff auf Ptolemais (Akko) wird allerdings vom Zyperngouverneur Ptolemäus Lathurus, der von seiner Mutter Kleopatra aus Ägypten vertrieben worden war, gründlich zurückgeschlagen. Einer drohenden Besetzung des Hasmonäerreiches kommt die mit Juda sympathisierende Kleopatra zuvor, indem sie Ptolemäus zum Rückzug zwingt. Im Ostjordanland kann Jannai Gadara und Amathus, in der Küstenebene Gaza und Raphia erobern. Er stößt bis in die Gaulanitis (nördlich des Jarmuk) vor, muß aber vor dem Nabatäerkönig Obodat nach Jerusalem fliehen. Hier tritt die Pharisäerpartei demonstrativ gegen ihn, den „Frevelpriester“[2], auf und ruft sogar den Seleukiden Demetrius III. zu Hilfe. Es kommt zum Bürgerkrieg. Jannai bleibt Sieger und nimmt an seinen Gegnern grausame Rache.

Im Ostjordanland kann er weitere Eroberungen machen (Pella, Dion, Gerasa, Seleuzia, Gamala) und östlich des Toten Meeres die Burg Machärus bauen. Gegen Ende seiner Regierung hat sein Herrschaftsgebiet ungefähr die *Größe des Davidisch-Salomonischen Reiches.* Er stirbt mit 51 Jahren bei der Belagerung von Ragaba.

5. Salome Alexandra (76–67) und ihre Nachfolger

Seine Witwe *Salome Alexandra* übernimmt die Herrschaft und überträgt das Hohepriesteramt ihrem älteren Sohn Hyrkanus. Ihre Friedenspolitik findet die Anerkennung des Volkes. Sie versöhnt sich zudem mit den Pharisäern, die nun im Ältestenrat Sitz

[2] Mit dieser Bezeichnung spielt eine Schrift aus Qumran (4 QpNah) auf Alexander Jannai an.

und Stimme erhalten. Das erzeugt bei der Sadduzäerpartei ein Mißbehagen, das der jüngere und ehrgeizige Sohn Aristobul sich zunutze macht.

Nach dem Tod Alexandras übernimmt zunächst *Hyrkanus II. (67–66)* auch die Königswürde. Sein Bruder *Aristobul II. (66–63)* aber – er ist der Kühnere und Entschlossenere – zieht mit Streitkräften gegen ihn und zwingt ihn, das königliche und das hohepriesterliche Amt an ihn abzutreten.

Antipater, ein homo novus und königlicher Verwalter von Idumäa, ergreift die Partei des abgesetzten Hyrkanus, weil er sich von dessen milder Regierung mehr persönliche Vorteile verspricht. Er überredet Hyrkanus, sich an den Nabatäerkönig Aretas zu wenden. Hyrkanus tritt diesem eine Anzahl von Städten auf der Ostseite des Toten Meeres ab; dafür zieht Aretas gegen Aristobul und belagert ihn im Jerusalemer Tempel. Aristobul gelingt es, den römischen Quästor Scaurus, der wegen der Neuordnung der Verhältnisse im Seleukidenstaat in Damaskus weilt, für sich zu gewinnen. Das Drohwort des Römers läßt die Nabatäer abziehen. Mit dem Auftreten der Römer ist das *Ende des hasmonäischen Königreiches* gekommen.

§ 4. Rom und Palästina in den Jahren 65–37 v. Chr.

Literatur: *E. Bammel,* Die Neuordnung des Pompeius und das römisch-jüdische Bündnis, in: ZDPV 75 (1959) 76–82. *Ders.,* The Organization of Palestine by Gabinius, in: JJS 12 (1961) 159–162. *G. C. Brauer,* Judaea Weeping: The Struggle against Rome from Pompey to Masada, 63 B.C. to A.D. 73 (New York 1970). *M. Gelzer,* Pompeius (München 1949). *B. Kanael,* The Partition of Judea by Gabinius, in: IEJ 7 (1957) 98–106.

1. Pompeius (70–48 v. Chr.)

Die *römische Stadtrepublik* ist im Laufe des zweiten Jahrhunderts zur größten Macht der hellenistischen Welt geworden. Schon Judas der Makkabäer ist mit dem Senat Verbindungen eingegangen, die von seinen Nachfolgern Jonatan, Simon und Johannes Hyrkanus aufrechterhalten bzw. erneuert wurden. Im Jahre 133 ist das Königreich Pergamon durch Vermächtnis zu Rom gekommen und als Provinz Asien konstituiert worden. Roms Machtentfaltung wurde freilich immer durch Parteienkämpfe aufgehalten (Adels-, Herren- und Volkspartei). Sulla (Adelspartei) konnte den expansiven König Mithradates VI. von Pontus im Jahre 85 zum Friedensschluß zwingen und die Provinz Asien neu ordnen.

Durch Pompeius (seit 70 zur Herrenpartei übergetreten) wird die römische Ostherrschaft auf das Seleukidenreich einschließlich Palästina ausgedehnt. Im Frühjahr 63 erscheinen vor ihm in Damaskus: (1) Aristobul II., (2) Hyrkanus II. zusammen mit Antipater, (3) Fürsprecher des Volkes (wohl pharisäische Kreise), welche die Abschaffung des hasmonäischen Königtums überhaupt wünschen.

Pompeius entscheidet sich für den gefügigeren Hyrkanus. Aristobul eilt daraufhin nach Jerusalem, um den Widerstand gegen Pompeius zu organisieren. Pompeius folgt ihm, setzt ihn gefangen und dringt nach 3monatiger Belagerung in den Tempelbezirk ein. Zum Entsetzen der Frommen betritt er das Allerheiligste, plündert aber nicht, sondern *bestätigt Hyrkanus als Hohenpriester* und befiehlt die Wiederaufnahme des Kultes. Aristobul, sein Sohn Antigonos und viele andere jüdische Gefangene [1] müssen 61 in Rom im Triumphzug des Pompeius mitmarschieren.

Die *pompeiische Neuordnung* sieht folgendermaßen aus: Palästina zählt zur Provinz Syrien. Es wird tributpflichtig und auf Judäa, Peräa und Galiläa beschränkt. Abgetrennt werden die Küstenstädte, die Dekapolis [2] und Samaria. Im Jahre 57 versucht Aristobuls älterer Sohn Alexander, der schon auf dem Weg nach Rom dem Pompeius entkommen ist, gegen seinen Onkel Hyrkanus vorzugehen. Auch Aristobul und Antigonos können aus Rom fliehen und zu den Waffen greifen. Der Statthalter Gabinus schlägt diese Aufstände nieder.

2. Der Ethnarch Hyrkanus II. (47–40)

Im Jahre 48 wird Pompeius von Cäsar bei Pharsalus in Thessalien besiegt und in Ägypten ermordet. Hyrkanus und sein Ratgeber Antipater kommen dem in Alexandrien hart bedrängten Cäsar zu Hilfe: Antipater schickt Truppen, und Hyrkanus veranlaßt die ägyptischen Juden, Cäsar zu unterstützen. Dafür zeigt sich Cäsar erkenntlich. Er bestätigt *Hyrkanus* das erbliche Hohepriesteramt und ernennt ihn zum *Ethnarchen*[3] und „Bundesgenossen und Freund des römischen Volkes". Jerusalem erhält selbständige

[1] Viele von ihnen werden später freigelassen und bauen die jüdische Gemeinde Roms auf.

[2] Städtebund hellenistischer Gemeinden des mittleren und nördlichen Ostjordanlandes; vgl. Mk 5,20; 7,31.

[3] Dieser Titel entspricht etwa unserem „Großherzog".

Gerichtsbarkeit und darf befestigt werden. Auch die *Juden* in den übrigen Provinzen des Römischen Reiches werden von Cäsar *begünstigt.* Sie dürfen sich – entgegen dem geltenden Vereinsverbot – versammeln, in ihren Synagogen eigene Gerichtsbarkeit üben und Kollekten abhalten und überhaupt nach ihren Gebräuchen leben. Diese Privilegien werden später bedeutsam für die Predigt des Evangeliums, die ja im Anschluß an die Synagoge geschieht.

Antipater wird römischer Bürger, von der Verpflichtung, Steuern zu zahlen, befreit und zum Prokurator (Finanzverwalter) über das jüdische Gebiet bestellt. Er darf seine beiden Söhne zu „Strategen" einsetzen: den *Phasael* über Judäa und Peräa, den *Herodes* über Galiläa. Herodes macht sich bei den führenden Kreisen bald unbeliebt; denn er läßt eigenmächtig die Mitglieder einer Räuberbande hinrichten. Dafür soll er sich vor dem Synedrium verantworten. Es kommt allerdings nicht zu einer Verurteilung, da Herodes von dem römischen Statthalter Sextus Cäsar stark protegiert wird. Nach einiger Zeit kann er sogar mit einer Truppe nach Jerusalem ziehen, um sich am Synedrium zu rächen. Nur auf Drängen seines Vaters läßt er sich davon abhalten.

Im Jahre 44 wird Cäsar ermordet und einer seiner Mörder, Cassius Longinus, wird Statthalter von Syrien. Antipater unterstützt ihn eifrig bei der Ausbeutung Palästinas. Es bildet sich eine Verschwörung gegen *Antipater,* und er wird *vergiftet.* Herodes läßt den Höfling Malichus, den eigentlichen Anstifter, umbringen. Auch den Antigonos, der mit einer Heeresmacht in Galiläa erscheint, besiegt und vertreibt er. Aus Dank dafür läßt ihn Hyrkanus sich mit Mariamme, einer Hasmonäerin, der Enkelin seines Bruders Aristobul, verloben.

Im Jahre 42 tritt M. Antonius die Herrschaft über den östlichen Teil des Römischen Reiches an. Er festigt die Stellung der beiden *Antipater-Söhne,* indem er sie zu *Tetrarchen* ernennt.

3. König Antigonos (40–37)

Im Jahre 40 besetzen die Parther Syrien. Antigonos, der Sohn Aristobuls II., erobert mit ihrer Unterstützung, die er sich durch reiche Geschenke erkauft hat, Jerusalem. Er nimmt den Phasael gefangen, der daraufhin Selbstmord begeht, und läßt dem Hyrkanus die Ohren abschneiden, so daß dieser für das Hohepriesteramt untauglich wird. Die Parther schleppen ihn dann gefangen nach Babylon. *Antigonos* läßt sich zum *König und Hohenpriester* machen.

Sein einziger noch verbliebener Gegenspieler *Herodes* bringt seine Familie in der Festung Masada in Sicherheit und segelt von Alexandrien aus nach Rom. Dort erwirkt er einen Senatsbeschluß, der ihn zum *König von Judäa* ernennt. Dieses Königtum muß er sich freilich zuerst noch erobern.

§ 5. Herodes I. (37–4)

Literatur: *E. Bammel,* Die Rechtsstellung des Herodes, in: ZDPV 84 (1968) 73–79. *P. M. Bernecker,* Affirmation of Herod's Death in 4 B.C., in: Journal of Theological Studies 34 (1983) 526–531. *S. G. F. Brandon,* Herod the Great, Judaea's most Able but most Hated King, in: History Today 12 (1962) 234–242. *M. Grant,* Herod the Great (London – New York 1971). *J. Hahn,* Herodes als Prokurator, in: Neue Beiträge zur Geschichte der Alten Welt, hrsg. von E. C. Welskopf (Berlin 1965) 25–43. *A. H. M. Jones,* The Herods of Judaea (London 1967). *G. Prause,* Herodes der Große, König der Juden (Hamburg 1977). *B. Reicke,* Herodes der Große, in: Reformatio 9 (1960) 24–34. *A. Schalit,* König Herodes. Der Mann und sein Werk (Berlin 1969).

1. Die Sicherung der Herrschaft

In den Jahren 39–37 sichert sich *Herodes* mit Hilfe römischer Truppen sein Herrschaftsgebiet. Er nimmt Jafo und Idumäa mit der Festung Masada ein. Da ein Angriff auf Jerusalem fehlschlägt, unterwirft er zunächst Galiläa, dann in verschiedenen Kämpfen gegen die Streitkräfte des Antigonos das übrige Gebiet bis auf die Stadt Jerusalem. Die Stadt selbst wird von Sosius, dem Statthalter Syriens, im Sommer 37 für Herodes erobert. Antigonos wird gefangengenommen und hingerichtet.

Damit ist Herodes *Herrscher über Judäa mit Idumäa, Galiläa, Peräa und die Hafenstadt Jafo.* Er hat die Stellung eines „verbündeten Königs", d.h., er untersteht nicht dem Statthalter der Provinz Syrien, sondern unmittelbar dem Prinzeps des Ostens und empfängt von ihm bzw. vom Senat die Befehle. Er muß in seinem Herrschaftsgebiet die Grenze schützen und im Kriegsfall Hilfstruppen stellen. Seine außenpolitischen Handlungen bedürfen der Weisung oder Bestätigung Roms, ebenso auch wichtige Hinrichtungen. Er ist frei von Tributzahlungen und in der inneren Verwaltung selbständig.

Herodes ist von Anfang an eifrig bemüht, seine *Herrschaft* gegen innere und äußere Feinde *zu sichern.* Er schwächt den hasmonäerfreundlichen Priesteradel durch Hinrichtungen und Gütereinziehung. Er läßt zwar Hyrkanus II. aus Babylon zurückkehren, ernennt aber einen unbedeutenden Diasporajuden zum Hohenpriester. Seine hasmonäische Gemahlin Mariamme und deren Mutter Alexandra wenden sich daraufhin an Kleopatra VII. von Ägypten, die Geliebte des Prinzeps Antonius, und erreichen, daß Mariammes 17jähriger Bruder *Aristobul Hoherpriester* wird. Da das Volk diesem freudig zujubelt, läßt Herodes ihn bald als seinen „Nebenbuhler“ beim Baden in Jericho *ertränken.*

2. Herodes und Octavian Augustus

Es kostet Herodes starke Selbstüberwindung, tatenlos zuzusehen, wie Antonius im Jahre 34 der Kleopatra palästinische Küstenstädte (u.a. Jafo) und die Oase von Jericho schenkt. Nach dem Sieg des *Octavian Augustus* bei Actium im Jahre 31 und dem Tod des Liebespaares Antonius–Kleopatra begibt sich Herodes persönlich zu Octavian auf die Insel Rhodos. Vorher hat er den greisen Hyrkanus hinrichten lassen, um zu verhindern, daß der „letzte Hasmonäer“ auf den Thron gehoben wird. In einer theatralischen Geste legt er dort seine Königskrone Octavian zu Füßen. Er empfängt sie aber wieder und wird – nachdem er den Imperator auf einem Ägyptenfeldzug begleitet hat – reich belohnt: Er erhält (1) die der Kleopatra geschenkten Städte, (2) die Provinz Samarien, (3) die Städte Hippos und Gadara (östlich und südöstlich des Sees Gennesaret); später bekommt er dazu noch die Landschaften Trachonitis, Batania, Auranitis (nördliches Ostjordanland) und Paneas mit den Jordanquellen.

Wieder zu Hause angekommen, läßt er – auf Verleumdungen seiner Schwester Salome hin – seine Gattin Mariamme aus Eifersucht zum Tod verurteilen. In den Jahren 28 und 25 erleiden seine Schwiegermutter Alexandra, sein Schwager Kostobar und verschiedene Hasmonäeranhänger wegen verräterischer Umtriebe das gleiche Schicksal.

Das nächste Jahrzehnt (ca. 25–15) wird gern als die *Glanzzeit* des Herodes bezeichnet. Als kluger Politiker und eifriger Kulturförderer regiert er sein Reich in Frieden und Wohlfahrt. Er ist dem römischen Augustus in unbedingter Treue ergeben und stets darauf bedacht, „durch Hinhorchen auf den ausdrücklichen oder geheimen Willen des Kaisers oder der Großen Roms seine eigene Stellung im Reiche zu befestigen"[1]. Er kommt persönlich mit Augustus zusammen; er ehrt ihn besonders dadurch, daß er mehrere Bauten nach ihm benennt. Wie sehr Augustus seinerseits ihm vertraut, zeigt ein Befehl an den syrischen Statthalter, keine Anordnungen ohne vorherige Beratung mit Herodes zu treffen[2].

3. Verwaltung und Heer

Das herodianische Reich ist im jüdischen Sektor in *Toparchien* und im nichtjüdischen in *Stadtbezirke* eingeteilt. Die Beamtenkollegien dieser Verwaltungseinheiten bindet der König dadurch stark an seine Person, daß er ihnen hohe Beamte, die *Strategen* des Königs, überordnet. Ihr Amt ist sowohl militärischer als auch ziviler Natur.

Das *königliche Heer* setzt sich aus jüdischen Landeskindern, ausländischen Söldnern und nichtjüdischen Untertanen zusammen. Dabei stellen die Söldner die am besten geschulte Truppe dar. Die Veteranen der nichtjüdischen Untertanen rekrutieren in hohem Maße den Beamtenapparat der neugegründeten hellenistischen Städte. Sie bilden ein gutes Gegengewicht gegenüber der

[1] *A. Schalit,* König Herodes 555.
[2] *Flavius Josephus,* Ant. XV, 10,3; Bell. Jud. I, 20,4.

jüdischen, dem Herrscher nicht immer freundlich gesinnten Bevölkerungsschicht.

Durch die geregelte Einziehung zahlreicher *Steuern und Zölle* verhilft Herodes dem Land zu einem wirtschaftlichen Aufschwung. Er baut Straßen und Häfen und fördert so den Handel. Er bewässert unfruchtbares Land und baut am See Gennesaret eine Fischereiindustrie auf, deren Produkte auch ins Ausland geliefert werden.

4. Kultur

Ein besonderes Anliegen ist Herodes die Erschließung des Landes und Volkes für die hellenistische Kultur. Er umgibt sich mit griechischen Gelehrten, unter denen Nikodemus von Damaskus der bekannteste ist[3]. Er läßt seinen Söhnen durch Hofphilosophen eine griechische Bildung zukommen und schickt sogar die Mariamme-Söhne Alexander und Aristobul nach Rom. Seine besondere kulturelle Leistung besteht in seiner ausgedehnten *Bautätigkeit.* Die alte Königsstadt Samaria läßt er völlig neu bauen und dem Kaiser zu Ehren Sebaste nennen[4]. Den an der Küste gelegenen kleinen Ort Stratonsturm erweitert er zu einem künstlichen Hafen und gründet dort die großartig angelegte Stadt Cäsarea, die im Neuen Testament als Residenz des römischen Prokurators Bedeutung gewinnt. Nördlich von Lod läßt er zum Andenken an seinen Vater die Stadt Antipatris erstehen, in der Jordanebene zum Andenken an seinen Bruder die Stadt Phasaelis. In Jericho schafft er sich eine Winterresidenz mit prächtigen Gärten. Er restauriert die Hasmonäerfestungen Hyrkania[5], Masada, Machärus und Alexandreion[6] und fügt diesen zwei neue hinzu: Kypros westlich von Jericho und Herodeion südöstlich von Betlehem.

[3] Flavius Josephus hat seine Schriften benutzt.
[4] Σεβαστός = augustus.
[5] Hyrkania liegt 14 km südöstlich von Jerusalem.
[6] Alexandreion befindet sich südöstlich von Sichem.

Seine bedeutendsten Bauwerke entstehen in *Jerusalem.* Er schmückt seine Hauptstadt mit einem Theater, Amphitheater und Hippodrom. Seinen von Türmen und Mauern flankierten mächtigen Palast errichtet er im westlichen Stadtteil. Die alte Akra an der Nordwestecke des Tempelplatzes baut er aus zur Burg Antonia. Hier wird später eine römische Kohorte stationiert sein, die Verhaftung des Paulus (Apg 21,34) und wahrscheinlich auch das Verhör Jesu (Joh 19,13) stattfinden.

Im Jahre 20 beginnt er mit der *Restaurierung des Tempels.* Den Tempelplatz und das eigentliche Tempelgebäude erweitert er um das Doppelte. Er läßt gewaltige Unterbauten schaffen, den ganzen Platz mit einer Mauer aus schweren Steinquadern umgeben[7] und mit Säulenhallen und Toranlagen zieren. Das Tempelhaus selbst bringt er durch ein Obergeschoß auf die Höhe von etwa 50 Metern und stattet es mit zahlreichen Anbauten aus.

Einer ganzen Anzahl von hellenistischen Städten in Phönizien, Syrien, Kleinasien und Griechenland stiftet er Bäder, Gymnasien, Theater, Säulenstraßen, Tempel und Statuen.

5. Die Testamente

Die letzten Jahre (14–4) der Regierung des Herodes sind durch häusliche *Streitigkeiten im Hinblick auf die Thronfolge* bestimmt. Sieben erwachsene Söhne des zehnmal verheirateten Königs kommen dafür in Frage. Herodes spricht zunächst seinem erstgeborenen Sohn *Antipater* von der Jerusalemitin Doris sein ganzes Reich zu. Mit den Mariamme-Söhnen Alexander und Aristobul hat er sich überworfen; es kommt jedoch zu einem Versöhnungsakt vor dem Kaiser. In einem neuen Testament bestimmt Herodes *alle drei als Könige zu Nachfolgern,* wobei Antipater allerdings den höchsten Rang einnehmen soll. Die Intrigen dieser Söhne einschließlich ihrer Frauen und der Herodes-Schwester Salome brin-

[7] Ein Stück davon ist die heutige „Klagemauer".

gen den König an den Rand des Wahnsinns. Auf einem eigens einberufenen Gerichtshof in Beirut läßt er Alexander und Aristobul zum Tod verurteilen, so daß Antipater wieder alleiniger Erbe wird. Herodes aber läßt ihn ins Gefängnis werfen, als er erfährt, daß dieser ihn habe vergiften wollen.

In einem dritten Testament bestimmt er den *Herodes Antipas,* den Sohn der Samariterin Maltake, zum königlichen Nachfolger. Fünf Tage vor seinem Tod läßt Herodes den Antipater hinrichten und verfügt in seinem letzten Testament: *Archelaus,* der ältere Sohn der Maltake, soll den Titel *König* erhalten und über Judäa herrschen. – *Herodes Antipas* soll den Titel *Tetrarch* führen und über Galiläa und Peräa regieren. – *Philippus,* der Sohn der Jerusalemitin Kleopatra, soll *Tetrarch* über das nördliche Ostjordanland werden. – Seine Schwester *Salome* soll drei Städte erhalten. Andere Verwandte sowie der Kaiser und die Kaiserin sollen mit Millionen von Silbermünzen bedacht werden.

Herodes stirbt nach schwerem Leiden im Jahre 4 v. Chr. und wird im Herodeion feierlich beigesetzt.

6. Beurteilung

Das Urteil der Historiker über die Regierung des Herodes reicht von „ununterbrochener Blutherrschaft“ bis zu „wirklicher Friedenszeit“. Sicherlich aber muß man den persönlichen Charakter des Königs und das sachliche Problem seiner Regierung unterscheiden. Als Idumäer und Proselyt findet er bei der jüdischen Bevölkerung wenig Anerkennung. Er ist zudem in ihren Augen der „Laie“, der sich gegen die königlich-hohepriesterliche Tradition stellt, und der Römerfreund, der mit den Heiden paktiert. Von hierher lassen sich all die Schritte verstehen, die Herodes aus *Mißtrauen* dem Volk gegenüber zur Sicherung seiner Person und Herrschaft unternimmt: Haltung von Leibwächtern, Einsetzung von Geheimpolizei, Versammlungsverbot, Forderung eines Treueeides, Schwächung des Synedriums, Aufhebung der Erblichkeit und Lebenslänglichkeit des hohepriesterlichen Amtes, Inhaftierung und Hinrichtung politischer Gegner[8]. Es wird ihm zum Verhängnis, daß er aufgrund seiner *Leidenschaftlichkeit* keinen Halt und keine Unterstützung in einer geordneten Familie findet. Herodes ist sicher ein ruhm- und ehrsüchtiger Mensch; es wäre aber falsch, sein politisches, wirtschaftliches und kulturelles Engagement allein damit zu motivieren. Durch seine Bautätigkeit z.B. macht er sich nicht nur einen Namen, sondern verschafft seinen Untertanen auch genügend Arbeitsplätze. Auffallend sind die Parallelen zwischen der Regierung des Herodes und des Königs Salomo: 30jährige Friedenszeit, Aufschwung in Wirtschaft und Handel, rege Bautätigkeit, Pflege der „Weisheit".

Die *Tragik* des Herodes aber liegt darin, daß er nicht das ganze jüdische Volk gewinnt. Es gibt Kreise, die seine Regierung mit der Angleichung an die hellenistisch-römische Kultur vollkommen bejahen und darauf hinweisen, daß Tempeldienst, Opfer, Zehnter, Sabbat und Recht unangetastet sind. Das sind vornehmlich die Gedanken der Sadduzäer. Die Masse des Volkes aber steht unter pharisäischem Einfluß. Für sie ist die Tora Gottes Wille und unveränderlich wie Gott selbst. Sie verübelt es Herodes, daß er dieses Gesetz seinen politischen Absichten anpaßt. Nach ihrer Ansicht mangelt es ihm – trotz Tempelerweiterung und Opferdarbringung – an der religiösen Grundhaltung der Gottesfurcht. „Wäre es dem Volk und dem König vergönnt gewesen, einander zu verstehen, so würde die Regierung des Herodes im Gedächtnis des Volkes einen Ehrenplatz einnehmen."[9]

[8] Auch der betlehemitische Kindermord spiegelt diese Angst um seine Herrschaft wider.
[9] *A. Schalit,* König Herodes 674.

§ 6. Die Teilung des Herodesreiches

Literatur: *F. F. Bruce,* Herod Antipas, Tetrarch of Galilee and Peraea, in: Annual of the Leeds University Oriental Society 5 (1963/65) 6–23. *V. E. Harlow,* Destroyer of Jesus. The Life of Herodes Antipas, Tetrarch of Galilaea (Oklahoma City ²1954). *H. W. Hoehner,* Herod Antipas (Grand Rapids 1980). *St. Perowne,* The Later Herods. The Political Background of the NT (London 1965). *J. B. Tyson,* Jesus and Herod Antipas, in: JBL 79 (1960) 239–246.

1. Unruhen in Palästina

Bald nach dem Tod des Herodes rotten sich in Jerusalem Juden zusammen. Sie fordern von *Archelaus* die Absetzung des von Herodes berufenen Hohenpriesters und die Bestrafung derjenigen, die an den Bluturteilen des Königs maßgebend beteiligt waren. Archelaus kann sie nicht beruhigen und läßt eine große Menge von ihnen niedermetzeln. Daraufhin begibt er sich – zusammen mit seiner Tante Salome – *zum Kaiser nach Rom,* um die Bestätigung seines Königtums zu erlangen. Auch *Herodes Antipas* und *Philippus* erscheinen dort, ebenso eine Abordnung der Juden, welche die Abschaffung der Herrschaft der Herodianer und die direkte Unterstellung unter Augustus verlangen [1]. Der Kaiser beschließt, das Testament des Herodes zu sanktionieren, jedoch dem Archelaus nur den Titel eines Ethnarchen zu verleihen und ihm den Königstitel für besondere Tüchtigkeit in Aussicht zu stellen.

In der Zwischenzeit kommt es in Palästina zu *Aufständen.* In

[1] Vielleicht bilden diese Ereignisse den Hintergrund für das Gleichnis Lk 19,12–27.

Jerusalem entfesselt vor allem das rücksichtslose Vorgehen (u.a. Plünderung des Tempelschatzes) des für die Zeit des Interregnums eingesetzten Römers *Sabinus* die Wut des Volkes. Bei den nun entstehenden schweren Kämpfen geht sogar ein Teil der Säulenhallen des Tempelplatzes in Flammen auf. In Judäa treten der Hirt Athrongäus, in Peräa der Sklave Simon als Herrscherkandidaten auf. In Galiläa ist ein gewisser Judas das Haupt des Aufruhrs. Von ihm ist auch in Apg 5,37 die Rede. Das stärkste Widerstandsnest ist Sepphoris, 6 km nördlich von Nazaret. *Varus,* der Statthalter von Syrien, muß eingreifen. Er zerstört u.a. Sepphoris und läßt im ganzen Land etwa 2000 der rebellischen Juden kreuzigen.

2. Der Tetrarch Philippus (4 v.Chr. – 34 n.Chr.)

In Lk 3,1 wird Philippus beim Auftreten Johannes' des Täufers so aufgeführt: „Im 15. Jahre der Regierung des Kaisers Tiberius aber, als Pontius Pilatus Prokurator von Judäa war, Herodes Tetrarch von Galiläa, sein Bruder Philippus Tetrarch von Ituräa und der Landschaft Trachonitis ... da erging das Wort Gottes an Johannes ..." Die *Tetrarchie des Philippus* umfaßt die Landschaften Trachonitis, Batania, Auranitis, Gaulanitis und einen kleinen Teil von Ituräa, sie hat hauptsächlich aramäische und griechische Bevölkerung. Sie liegt an den Kulturstraßen von Damaskus nach Tyrus und von Cäsarea nach der Dekapolis. Dem Tetrarchen wird eine fundierte hellenistische Bildung und ein *mildes und friedliches Regiment* nachgerühmt. Tatsächlich blühen unter ihm *Kultur und Handel.* Er ehrt den römischen Kaiser, indem er Münzen mit den Bildern von Augustus und Tiberius prägen läßt. Er baut zwei bedeutende Städte aus, die auch im Neuen Testament erwähnt werden: Cäsarea Philippi, das frühere Paneas an den Jordanquellen, wo nach Mt 16,13 Jesus das Petrusbekenntnis entgegennimmt, und Betsaida-Julias[2] am Einfluß des Jordans in den See Genne-

[2] Julia ist der Name der Tochter des Augustus.

saret, in dessen Nähe nach Mk 6,45 und Lk 9,10 das erste Brot- und Fischwunder geschieht. Betsaida fast gegenüber liegt das galiläische Kafarnaum, Jesu Lieblingsaufenthaltsort; Jesus kann sich von hier aus leicht aus der jüdischen Öffentlichkeit in das ruhige Gebiet des Philippus zurückziehen.

Philippus ist verheiratet mit der Herodiastochter Salome, die bei der Hinrichtung Johannes' des Täufers tanzt. Da diese Ehe kinderlos bleibt, wird nach seinem Tod im Jahre 34 seine Tetrarchie für einige Jahre der Provinz Syrien einverleibt; später kommt sie an Agrippa I.

3. Der Tetrarch Herodes Antipas (4 v. Chr. – 39 n. Chr.)

Herodes Antipas beherrscht die beiden durch die Dekapolis und Samarien getrennten Gebiete Galiläa und Peräa. Er ist wie sein Vater ein Anhänger der hellenistischen Kultur, was sich vor allem in seinen Bauwerken ausdrückt. Er nimmt aber auch Rücksicht auf die jüdischen Frommen, indem er u.a. nach Jerusalem wallfahrtet[3] und bilderlose Münzen prägen läßt. In dem fruchtbaren und dichtbevölkerten Galiläa blühen Handel und Gewerbe. Antipas baut das von Varus zerstörte Sepphoris wieder auf und läßt am Westufer des Sees Gennesaret seine neue Hauptstadt *Tiberias* erstehen, mit deren Namen er den Kaiser Tiberius (14–37) ehren will. Er versieht sie sowohl mit einem Stadion und einem mit Tierbildern geschmückten Palast als auch mit einer Synagoge. Die orthodoxen Juden meiden allerdings die Stadt, weil sie über einer alten Begräbnisstätte errichtet und deshalb unrein sei. Antipas kann sie deshalb nur mit heidnischer Bevölkerung bzw. mit nicht gesetzestreuen Juden besiedeln. Im Neuen Testament wird Tiberias nur beiläufig erwähnt (Joh 6,23). Später, vom 2. Jahrhundert an, wird es das Zentrum des jüdischen Text- und Gesetzesstudiums. In Peräa befestigt er Bet-Aramphta und gibt der Stadt den

[3] Bei der Gefangennahme Jesu weilt er zum Osterfest gerade in Jerusalem (Lk 23,7).

Namen Livias, nach der Gemahlin des Augustus und Mutter des Tiberius.

Herodes Antipas ist zuerst mit einer nabatäischen Prinzessin verheiratet; er verstößt sie aber und nimmt sich die herrschsüchtige *Herodias,* die Gemahlin seines Stiefbruders Herodes Boethus, zur Frau[4]. Wegen der Kritik Johannes' des Täufers fürchtet Herodes Antipas einen Volksaufstand. Er läßt Johannes etwa 32 n. Chr. hinrichten. Wegen seiner verstoßenen Tochter greift ihn der Nabatäerkönig Aretas IV. im Jahre 36 an und schlägt ihn so gründlich, daß der syrische Statthalter Vitellius eingreifen und ihn retten muß. Im Jahre 39 wird er *nach Lyon verbannt*[5]. Schuld daran ist der Ehrgeiz der Herodias. Sie kann es nicht verwinden, daß Kaiser Caligula ihrem Bruder Agrippa zusammen mit der Philippus-Tetrarchie und dem Gebiet um Abila (= Abilene), südlich des Jarmuk, den Königstitel verleiht. Sie drängt Antipas, sich ebenfalls in Rom um diesen Titel zu bewerben; der launische Kaiser aber antwortet mit Verbannung. Herodias teilt diese freiwillig mit ihrem Gatten. Die Antipas-Tetrarchie wird Agrippa I. übertragen.

4. Der Ethnarch Archelaus (4 v. Chr. – 6 n. Chr.)

Mit *Judäa, Idumäa und Samarien* übernimmt *Archelaus* den historisch und religiös bedeutendsten Landesteil. Wie sein Vater entwickelt er eine rege Bautätigkeit. Er gründet nördlich von Jericho die Stadt Archelais, legt dort in der Ebene Wasserleitungen und Palmenhaine an und restauriert den Herodianischen Palast in Jericho. Beim Volk aber ist er *nicht beliebt.* Die Pharisäer- und die

[4] In Mk 6,17 (Mt 14,3) sind die beiden Herodessöhne Philippus und Herodes Boethus verwechselt. Salome, die Frau des Philippus, stammt aus der Ehe Herodes Boethus–Herodias. Johannes tadelt die ohne den Tod des ersten Ehemanns geschlossene Leviratsehe.

[5] H. Crouzel (Le lieu d'exil d'Hérode Antipas et d'Hérodiade selon Flavius Josèphe, in: Studia Patristica [1970] 275–280) schlägt vor, nicht an Lyon (= Lugdunum) in Südfrankreich zu denken, sondern an Lugdunum Convenarum, die Hauptstadt der gallo-romanischen Convenae, etwa 30 km nördlich der heutigen spanischen Grenze.

Sadduzäerpartei fühlen sich durch sein hartes und willkürliches Regiment in ihren Rechten zu stark eingeschränkt. Die Empörung über ihn steigt, als er zwei Hohepriester aus dem Hause des Boethus absetzt und nach Verstoßung seiner Frau die Witwe seines hingerichteten Bruders Alexander heiratet. Nach Mt 2,22 wollen Jesu Eltern nicht nach Judäa zurückkehren, weil sie den grausamen Ethnarchen fürchten. Es kommt schließlich sogar so weit, daß sich die judäischen und samaritanischen Oberschichten zusammentun und in Rom bei Augustus über seine Tyrannei Beschwerde erheben. Dieser setzt ihn ab, zieht sein Vermögen ein und *verbannt ihn nach Vienne* in Gallien. Judäa-Samarien wird imperatorische Prokuratur.

§ 7. Die Prokuratur und Agrippa I. (6–44)

Literatur: *W. Gollub,* Tiberius (München 1959). *E. Kornemann,* Tiberius (Stuttgart 1960). *P. L. Maier,* The Episode of the Golden Roman Shields at Jerusalem (in 25 A.D.), in: HThR 62 (1969) 109–121. *P. J. Sijpesteijn,* The legationes ad Gaium, in: JJS 15 (1964) 87–96. *E. M. Smallwood,* The Chronology of Gaius' Attempt to Desecrate the Jewish Temple, in: Latomus 16 (1957) 3–17. *Ders.,* The Date of the Dismissal of Pontius Pilate from Judaea, in: JJS 5 (1954) 12–21. *Ders.,* Some Notes on the Jews under Tiberius, in: Latomus 15 (1956) 314–329. *F. de Visscher,* La politique dynastique sous le règne de Tibère, in: Synteleia V. Arangio-Ruiz (Napoli 1964) 54–65.

1. Die römische Verwaltung

Im Jahre 6 n. Chr. kommen *Judäa–Idumäa–Samarien* nicht zur römischen Provinz Syrien, sondern werden *als Tempelland* mit hohepriesterlicher Verwaltung behandelt und *einem Prokurator* unterstellt.

Seit Augustus ist das Römische Reich in senatorische und imperatorische Provinzen eingeteilt. Die *senatorischen Provinzen* umfassen die Gebiete, die schon lange unter der Herrschaft des römischen Senates sind und keines militärischen Schutzes bedürfen. Sie haben *Zivilverwaltung* und werden von *Prokonsuln* (ehemaligen Konsuln oder Prätoren) regiert. In der biblischen Umwelt sind das die Provinzen Asien, d. i. das kleinasiatische Küstengebiet mit Ephesus als Zentrum, Mazedonien mit den Städten Thessalonich und Philippi und Achaia mit der Hauptstadt Korinth und der Schulstadt Athen.

Für die *imperatorischen Provinzen* gilt *Militärverwaltung.* An der Spitze der bedeutenderen steht ein aus dem senatorischen Stand kommender *Legionskommandeur (Statthalter)* mit dem Titel Legatus Augusti. Syrien, einschließlich Phönizien und Ost-Zilizien, mit der Residenzstadt Antiochien und Galatien-Lykaonien mit Ankyra gehören zu dieser Art von Provinzen. *Kleinere Provinzen,* die wegen ihres eigenartigen kulturell-politischen Gepräges in der Verwaltung besondere Sorgfalt verlangen, unterstehen dem *Prokurator,* einem kaiserlichen Statthalter aus dem Ritterstand. Solche Verwaltungsbezirke sind unter anderen Ägypten und Judäa.

Da dem *Prokurator von Judäa* nur Auxiliartruppen zur Verfügung stehen, kann der Legat von Syrien, wenn es die politische Lage erfordert, nach eigenem Ermessen mit seinen Legionstruppen eingreifen. Im übrigen ist der Prokurator in der Verwaltung so selbständig wie der Legat.

Seine *Aufgabe* ist dreifacher Art:

(1) Er hat sein Gebiet *militärisch* zu *schützen.* Dazu befehligt er fünf Kohorten (= 5 × 600 Mann), die sich aus Provinzialen ohne römisches Bürgerrecht zusammensetzen. Die Juden allerdings sind vom Militärdienst befreit. An der Spitze jeder Kohorte steht ein Tribun (χιλίαρχος), die unteren Einheiten werden von einem Centurio (ἑκατόνταρχος) geführt. Der Prokurator residiert mit vier Kohorten in Cäsarea am Meer. Eine Kohorte liegt immer in Jerusalem in der Burg Antonia. Zu den großen Festen kommt der Prokurator nach Jerusalem; dabei wird die Zahl der Soldaten auf zwei Kohorten erhöht. Er wohnt dann im Herodespalast, der deswegen auch als Prätorium bezeichnet wird[1].

(2) Der Prokurator hat auch *richterliche Funktion.* Über seine Truppen ist er oberster Militärrichter, in die zivile Gerichtsbarkeit darf er nur eingreifen, wenn es sich um die Verhängung der Todesstrafe handelt (Joh 18,31). Jesus wird auf Befehl des Prokurators Pilatus hingerichtet, und Paulus wird zum Verhör zu Felix nach Cäsarea gebracht (Apg 23 u. 24). Auf die Berufung eines

[1] Vgl. Mk 15,16 par.

römischen Bürgers an das kaiserliche Gericht hin ist die Rechtssache dem Prokurator entzogen (Apg 25,25).

(3) Seine wichtigste Aufgabe ist die *Regelung der Finanzen,* er ist der Finanzagent des Kaisers. Seine Prokuratur ist zur Erleichterung der Steuererhebung in elf Bezirke (Toparchien) eingeteilt. Für die richtige und pünktliche Ablieferung der Steuern ist das Synedrium verantwortlich. Als direkte Steuern kommen in Frage: (a) die *Grundsteuer* (tributum soli). Sie wird für den Grund- und Hausbesitz – teils in Geld und teils in Naturalien – erhoben; (b) die *Personalsteuer* (tributum capitis). Sie setzt sich zusammen aus der eigentlichen Kopfsteuer, die für alle gleich ist, und einer nach der Höhe des Verdienstes bzw. Ertrages verschiedenen Einkommensteuer. Die einzelnen Steuerleistungen werden aufgrund der Angaben der Steuerpflichtigen bei einem periodisch wiederkehrenden Zensus ermittelt.

Die Eintreibung der *übrigen Abgaben,* wie Gewerbe-, Sklaven-, Erbschaftssteuer und Zölle, besorgen im Auftrag des Prokurators einheimische jüdische Privatgesellschaften und Unternehmer (Steuerpächter). Das sind die *„Zöllner"* des Neuen Testamentes, die als Kollaborateure Roms vor allem von den Pharisäern verachtet werden. Auch wird ihnen betrügerischer Verdienst vorgeworfen. Jesu Umgang mit „Zöllnern und Sündern" erregt deshalb Anstoß.

2. Die ersten Prokuratoren

Kaiser:	*Prokuratoren:*	
Augustus 30 v. Chr. – 14 n. Chr.	Coponius	6–9
	Marcus Ambibulus	9–12
	Annius Rufus	12–15
Tiberius 14–37	Valerius Gratus	15–26
	Pontius Pilatus	26–36
	Marcellus	36–37
Caligula 37–41	Marullus	37–41

a) *Der Zensus*

Sogleich nach dem Tod des Archelaus beauftragt der Kaiser den Legaten der Provinz Syrien *Quirinius* mit der *Steuerregistrierung* in der neuen Prokuratur „Judäa"[2]. Jeder Jude muß in dem Bezirk seine Steuererklärung abgeben, wo er seinen Grundbesitz hat. Es gelingt dem Hohenpriester Joazar, den anfänglichen Widerstand der Juden gegen diese Schätzung Roms zu brechen. Dennoch kommt es zu *Unruhen*. Als Hauptempörer wird wiederum Judas aus Galiläa genannt[3], der von einem Pharisäer namens Zadok unterstützt wird. Beide versuchen, das Volk mit der Begründung aufzuwiegeln, „die Schätzung bringe nichts anderes als offenbare Knechtschaft mit sich"[4]. Sie haben zwar kaum direkten Erfolg, aber sie sind die Urheber einer antirömischen Bewegung, die sechzig Jahre später zu einem katastrophalen Ende führt.

b) *Coponius – Valerius Gratus*

Über die Tätigkeit der drei ersten Prokuratoren *Coponius, Ambibulus* und *Rufus* schweigen sich die Quellen aus.

Während Kaiser Augustus die Prokuratoren nur drei Jahre amtieren läßt, entschließt sich Tiberius für eine längere Amtszeit, „damit wenigstens *eine* Rücksicht sie antreibe, seine Untertanen wohlwollend zu behandeln ... Wenn jemand ein Amt ... nur für kurze Zeit halte ... sei seine Sucht zu plündern nur um so größer."[5]

Von dem Prokurator *Valerius Gratus* wird berichtet, daß er bald nach seinem Amtsantritt den Hohenpriester Hannas absetzt, um dann noch dreimal den Träger dieses Amts zu wechseln, bis er im Jahre 18 in Hannas Schwiegersohn *Kajafas* einen ihm genehmen Mann findet. Kajafas ist der Vertreter des Synedriums beim Prozeß Jesu und bleibt auch unter Pilatus bis zum Jahre 36 Hohepriester.

[2] So heißt die Prokuratur offiziell.
[3] Vgl. S. 42.
[4] *Flavius Josephus,* Ant. XVIII, 1,1.
[5] *Flavius Josephus,* Ant. XVIII, 6,5.

c) *Pontius Pilatus – Marullus*

Der fünfte Prokurator *Pontius Pilatus* versucht gleich zu Anfang seiner Amtsperiode, die römische Autorität zu demonstrieren. Von Rom aus wird er dabei gedeckt durch den Judenhasser Sejan, der wie er dem Ritterstand angehört und dem er seine Ernennung verdankt. Während die Vorgänger des Pilatus mit Rücksicht auf die religiösen Sitten der Juden es vermeiden, die Feldzeichen mit den Kaiserbildern nach Jerusalem zu bringen, läßt er diese bei Nacht in die Stadt schaffen, um die Juden vor vollendete Tatsachen zu stellen. Er hat aber nicht mit ihrem starken *Widerstandswillen* gerechnet. Sie ziehen nämlich in Scharen nach Cäsarea und fordern von Pilatus die Entfernung der Bilder. Nach fünf Tagen lädt sie der Prokurator zur Verhandlung ins Hippodrom ein, läßt sie aber durch seine Soldaten mit gezückten Schwertern bedrohen. Die Juden wollen jedoch lieber sterben als die „Gotteslästerung" ertragen. Pilatus muß nachgeben, da ein Blutbad sicher nicht die Zustimmung des Kaisers fände.

Ebenso muß er später nachgeben, als er vergoldete Schilde mit dem Namen des Kaisers im Herodespalast zu Jerusalem aufstellen läßt. Diesmal wenden sich die Juden direkt an Tiberius, der Pilatus befiehlt, die Schilde nach Cäsarea zurückzubringen. Die Drohung mit dem Kaiser spielt ja auch im Prozeß Jesu eine Rolle.

Daß Pilatus „von Charakter unbeugsam und rücksichtslos hart"[6] ist, bestätigt ein anderer von Flavius Josephus mitgeteilter Zwischenfall. Zum Bau einer Wasserleitung nach Jerusalem nimmt der Prokurator Geld aus dem Tempelschatz. Dagegen protestieren die Juden. Pilatus läßt seine Soldaten mit Knüppeln auf die erregte Menge einhauen und setzt sein Vorhaben durch.

Ein *blutiges Eingreifen* in Samaria kostet ihn allerdings seine Prokuratur: Ein samaritanischer Prophet erbietet sich, seinen Landsleuten die nach ihrem Glauben im Berg Garizim vergrabenen heiligen Geräte des ersten Tempels zu zeigen. Sie versammeln sich in Waffen, um auf den Berg zu ziehen. Da greift Pilatus ein,

[6] *Philo,* Legatio ad Caium § 38.

tötet viele und macht Gefangene, von denen er die vornehmsten hinrichten läßt. Die Samaritaner beklagen sich darüber bei Vitellius, dem Statthalter von Syrien, der von Tiberius wegen der Parthergefahr mit außerordentlichen Vollmachten ausgestattet ist. Dieser schickt Pilatus zur Verantwortung nach Rom und überträgt Judäa seinem Freund *Marcellus* zur Verwaltung.

Vitellius zeigt sich den Juden wohlgesinnt, was daraus zu erkennen ist, daß er das in der Burg Antonia aufbewahrte hohepriesterliche Gewand herausgibt. Das dadurch gestärkte Selbstbewußtsein des Synedriums und das schwache Marcellus-Interregnum bilden den Hintergrund, von dem aus sich die Steinigung des Stephanus bzw. die Christenverfolgung (Apg 6–7) verstehen läßt.

Kaiser Caligula (37–41), der ein Anhänger des Hellenismus ist, gibt Judäa wieder einen kaiserlichen Prokurator, den *Marullus*. Das Christentum kann sich in dieser Zeit wegen der Hellenisten weiter ausbreiten.

3. Agrippa I. (41–44)

Agrippa ist ein Enkel Herodes' I. und ein Bruder der Herodias. In der Apostelgeschichte (Apg 12,1–19) wird er volkstümlich Herodes genannt. Er wird in Rom zusammen mit den kaiserlichen Prinzen erzogen. Später gerät er durch sein verschwenderisches Leben in tiefe Schulden und findet in Antonia, der Großmutter des zukünftigen Kaisers Caligula, eine Gönnerin. Als Caligula auf den Thron kommt, ernennt er Agrippa sofort zum König über die verwaiste Tetrarchie des Philippus[7]. Im Jahre 38 begibt sich Agrippa über Alexandrien in sein bescheidenes Königreich. Die *Griechen Alexandriens* sind über das selbstherrliche Auftreten des jüdischen Königs so erbost, daß es zu einem Judenpogrom kommt, der sich später noch über andere Teile der jüdischen Diaspora ausweitet. Insbesondere fordern sie, daß in den Synagogen Kai-

[7] Vgl. S. 43.

serbilder verehrt werden. Auch die *Griechen des kaiserlichen Jamnia* errichten einen Altar Caligulas, den die Juden bei der Ankunft Agrippas zerstören. Caligula ist darüber so empört, daß er befiehlt, im Tempel zu *Jerusalem* sein *Bild* aufzustellen. Die Sache wird hinausgezögert, und Agrippa eilt zum Kaiser nach Rom, um sie gänzlich beizulegen. Zunächst sichert er sich die Antipas-Tetrarchie, und als dann der Kaiser auf das Standbild zu sprechen kommt, läßt Agrippa sich in Ohnmacht fallen und erreicht damit die Zurücknahme des kaiserlichen Befehls.

Caligula wird im Jahre 41 ermordet, und sein Onkel Claudius (41–54), ein Schulkamerad des Agrippa, wird Kaiser. Agrippa weilt gerade wieder in Rom und kann gegenüber dem Senat die Position des Claudius stärken. Dafür erhält er Judäa, so daß für die nächste Zeit das *Herodesreich wiederaufgerichtet* ist. Dem Einfluß Agrippas ist es zu verdanken, daß Claudius in der sog. Epistula Claudiana dem Statthalter von Ägypten befiehlt, den Juden in Alexandrien ihre Privilegien zu belassen.

Agrippa versteht es, sich die *Gunst der Pharisäer* zu erwerben. Er bringt die vorgeschriebenen Opfer dar und achtet darauf, daß die Rechtsprechung gemäß der Tora geschieht. Flavius Josephus rühmt von ihm: „Agrippa war leutselig und gegen alle gleich wohltätig. Freundlich gegen die Ausländer, die über seine Freigebigkeit nicht zu klagen hatten, vergaß er doch auch nicht, seine Untertanen durch um so größere Teilnahme zu entschädigen. Desgleichen wohnte er gern und andauernd in Jerusalem, beobachtete die Satzungen seiner vaterländischen Religion gewissenhaft und war von höchster Sittenreinheit.“[8]

Im Jahre 42 veranlaßt er eine Christenverfolgung, bei der Jakobus, der Sohn des Zebedäus, durch das Schwert umkommt und Petrus gefangengenommen wird (Apg 12,1–19).

Außerhalb Jerusalems hört allerdings sein Judentum auf. Beirut verdankt ihm ein Theater und Gladiatorenspiele, in Cäsarea und Sebaste errichtet er Statuen seiner Töchter; auch läßt er Mün-

[8] *Flavius Josephus*, Ant. XIX, 7,3.

zen mit einem Bildnis prägen. Im Jahre 44 befallen ihn während festlicher Spiele heftige Schmerzen, und er stirbt nach wenigen Tagen.

Da sein Sohn *Agrippa II.* erst siebzehn Jahre alt ist, macht Claudius das Land zum *zweitenmal* zu seiner *Prokuratur,* die *Judäa, Samarien und Galiläa* umfaßt.

Agrippa II. erhält etwa im Jahre 50 Chalkis in Zölesyrien[9], das er 53 gegen die ehemalige Philippus-Tetrarchie, Abilene und einen Bezirk am Libanon eintauscht. Dazu werden ihm zwei weitere Rechte übertragen: die *Aufsicht über den Tempel* in Jerusalem und die *Ernennung des Hohenpriesters.* Er stirbt um 100. In Apg 26 verteidigt sich Paulus vor ihm gegen die Anklagen der Juden.

[9] Es liegt am westlichen Abhang des Antilibanon.

§ 8. Jüdische Selbstverwaltung und Parteien

Literatur: *E. Bammel – C. F. D. Moule* (Hrsg.), Jesus and the Politics of His Day (Cambridge 1984). *A. I. Baumgarten,* The Name of the Pharisees, in: JBL 102 (1983) 411–428. *L. Finkelstein,* Pharisaism in the Making (New York 1972). *R. T. Herford,* Die Pharisäer (Köln 1961). *H. Mantel,* The Dichotomy of Judaism during the Second Temple, in: Hebrew Union College Annual 4 (1973) 55–87. *J. A. Marin,* Les groupes politico-religieux en Israël au temps du Christ, in: Terre Sainte 5–8 (1982) 133–141; 170–178. *R. Meyer,* Σαδδουκαῖος, in: ThWNT VII (1964) 35–54. *R. Meyer – H. F. Weiß,* Φαρισαῖος, in: ThWNT IX (1969) 11–51. *J. Le Moyne,* Les Sadducéens (Paris 1972). *J. Murphy – O'Connor,* The Essenes and their History, in: RB 81 (1974) 215–244. *K. Schubert,* Die jüdischen Religionsparteien in neutestamentlicher Zeit (Stuttgart 1970). *M. Simon,* Die jüdischen Sekten zur Zeit Christi (Einsiedeln 1964). *G. Vermes,* The Essenes and History, in: JJS 32 (1981) 18–31. *S. Zeitlin,* The Pharisees. A Historical Study, in: JQR 52 (1961/62) 97–129.

1. Das Synedrium

Die Juden der Prokuratur Judäa behalten in inneren Angelegenheiten weitgehend Selbständigkeit. Jurisdiktion und Administration obliegen in den einzelnen Ortsbezirken[1] den sogenannten Synedrien[2], die je nach Größe der Ortschaft aus sieben bis dreiundzwanzig Mitgliedern bestehen.

Besondere Bedeutung hat das *Synedrium von Jerusalem,* an

[1] Cäsarea und Sebaste mit Umgebung erhalten als hellenistische Städte eine eigene Verwaltung.

[2] Luther übersetzt Synedrium mit „Hoher Rat".

dessen Spitze der vom Prokurator ernannte *Hohepriester* steht. Der Hohepriester vertritt also nicht nur das Volk in seinen Angelegenheiten vor Gott, er ist auch Leiter der jüdischen Selbstverwaltung und dafür dem Prokurator verantwortlich. Seine von Rom abhängige Stellung kommt symbolisch dadurch zum Ausdruck, daß das hohepriesterliche Gewand in der Burg Antonia, dem Jerusalemer Amtssitz des Prokurators, aufbewahrt wird. Das Synedrium von Jerusalem zählt neben dem Hohenpriester noch weitere siebzig Mitglieder; es gliedert sich in die folgenden drei Abteilungen:

(1) Die *erste Abteilung* kann als eine Art Konsistorium verstanden werden; sie heißt im Neuen Testament oft ganz einfach *„die Hohenpriester"*[3]. Zu ihr gehören der amtierende Hohepriester und sein Stellvertreter, der „Tempeloberst"; dieser ist ein hoher adliger Priester, dem auch die Tempelpolizei unterstellt ist. Etwa fünf andere Adelspriester, zum Teil ehemalige Hohepriester, leiten den Kultus und die Justiz, während drei oder vier Laien (Geschäftsleute) oder auch Priester dem Finanzhaushalt von Stadt und Tempel vorstehen. Insgesamt umfaßt dieses Konsistorium also ungefähr zehn Mitglieder.

(2) Die *Ältesten,* die *zweite Abteilung* des Synedriums, setzen sich aus Angehörigen des Priester- und Gutsbesitzeradels zusammen. Sie vertreten konservative, sadduzäische Gesichtspunkte.

(3) Die *dritte Abteilung* bilden die *Schriftgelehrten* oder Rabbinen. Darunter sind theologisch ausgebildete und durch Ordination berufene Laien zu verstehen, die durch ihre Kenntnis der Schrift und der mündlichen Lehrüberlieferung hohes Ansehen beim Volk genießen. Sie werden als die Nachfolger der Propheten angesehen, die den göttlichen Willen lehrend, richtend und predigend verkünden. Sie üben oft nebenbei noch ein Handwerk aus und gehören zum größten Teil der Pharisäerpartei an.

Über das zahlenmäßige Verhältnis zwischen Ältesten und Schriftgelehrten im Synedrium läßt sich nichts ausmachen.

[3] Vgl. Mt 21,5; Mk 14,1; Lk 9,22; Joh 19,15 u.ö.

2. Die Herrenpartei der Sadduzäer

Wir sind über diese jüdische Partei nicht besonders gut unterrichtet. Schon ihr Name ist umstritten. Soll man ihn von Zadok ableiten, der zur Zeit Salomos Hoherpriester war, oder einfach von einem hebräischen Adjektiv *ṣadduq* in der Bedeutung „Recht übend"? Seit der Mitte des 2. Jahrhunderts läßt sich diese Partei nachweisen. Im Synedrium ist ihr Einfluß groß, die „Hohenpriester" und Ältesten gehören zu ihr, und in der ersten Prokuratur bildet sie die Regierungspartei. Ihre Anhänger kommen hauptsächlich aus dem Priester- und Laienadel. Als Angehörige der besitzenden Klasse sind sie in der *Politik* konservativ: Sie wissen die bestehende Gesellschaftsordnung zu wahren und jeden Angriff auf die herrschenden Verhältnisse zu mäßigen. Sie wirken als Realisten theoretisch und praktisch für die Souveränität des römischen Prinzeps, die Autorität der jüdischen Aristokratie und die Disziplin des Volkes.

Das geschriebene Gesetz der Tora ist für sie einzige *Rechtsnorm*. Sie lehnen – im Gegensatz zu den Pharisäern – die traditionelle Auslegung und Weiterbildung des Gesetzes als ausgeklügelte Kasuistik ab. Sie vertreten deshalb eine strengere Auffassung in bezug auf den Sabbat und andere rituelle und juristische Fragen. So möchten z. B. die Sadduzäer die Apostel töten, während der Pharisäer Gamaliel für ihre Freilassung plädiert (Apg 5,33–38).

Auch in der *Dogmatik* lehnen sie jeden Entwicklungsprozeß ab. Es gibt für sie kein Fortleben im Jenseits, keine persönliche Unsterblichkeit, kein jüngstes Gericht und keine Auferstehung der Toten. Der Mensch muß für seine Übertretungen schon in diesem Erdenleben büßen. Nach Flavius Josephus, dessen Meinung freilich als Sadduzäer-Gegner nicht immer objektiv ist, vertreten sie ein deistisches Weltbild: Gott greift weder in die Gesamtgeschichte ein, noch kümmert er sich um den Einzelmenschen. Glück und Unglück haben nur im freien menschlichen Willen ihren Ursprung. Als von außen eingedrungen betrachten sie auch die Lehre von den Geistern (Apg 23,8). Die Sadduzäer verurteilen zusammen mit den Pharisäern Jesus und veranlassen später die Steinigung des Jakobus des Jüngeren. Mit der Zerstörung Jerusalems verschwinden sie spurlos aus der Geschichte.

3. Die Bürgerpartei der Pharisäer

Der Name ist auf hebräisch *paraš* = trennen, absondern zurückzuführen. Er stammt möglicherweise aus der Umgebung der „Abgesonderten" und möchte sie in abwertendem Sinn als eine sektiererische Gruppe kennzeichnen. Tatsächlich betrachten die Pharisäer sich selbst als Gottes heilige Gemeinde, welche die Berührung mit allem Unreinen meidet und sich von *den* Leuten trennt, die das Gesetz nicht in ihrem Sinn beobachten[4]. Die Anfänge der pharisäischen Bewegung reichen ins 2. vorchristliche Jahrhundert, ihr Vorläufer scheint die in 1 Makk 7,13 erwähnte Chasidäergruppe zu sein. Spätestens zu Beginn des 1. Jahrhunderts v. Chr. sind die Pharisäer fest als Chabura = Genossenschaft organisiert. Ihre Mitglieder kommen weniger aus Priesterkreisen; sie sind hauptsächlich *Handwerker, Kaufleute und Bauern,* unterstützt durch Vertreter der Weisheit und Schriftgelehrsamkeit. Die Aufnahme erfolgt nach einer Probezeit und Prüfung der Kenntnisse über die Reinheitsvorschriften und das Verzehnten.

Zu den *Hauptpflichten* des Pharisäers gehören: Er muß die *kultische Reinheit* streng beachten und sich vor jeder Verunreinigung mit Personen oder Dingen hüten. Er hat besondere Sorgfalt auf das Waschen der Hände vor jeder Mahlzeit und das Spülen der Gefäße zu legen. Wenn er sich verunreinigt hat, muß er sich einem Reinigungsbad unterziehen und eine Wartefrist einhalten. Er hat nicht nur den Ertrag des Landes zu verzehnten, er muß auch von

[4] Sie nennen diese 'am ha-areṣ = Volk des Landes. Vgl. Joh 7,49: das Volk, das das Gesetz nicht kennt.

allem, was er käuflich erwirbt, den *Priesterzehnten* abgeben. Er soll seine Käufe möglichst innerhalb der Chabura tätigen, denn nur dadurch ist ihm das rechte Verzehnten garantiert. Mit seinen Genossen soll er sich öfter zu *gemeinsamen Mahlzeiten* treffen und sich vom Verkehr mit Nicht-Pharisäern fernhalten. Zweimal in der Woche soll er *fasten,* um so für Israel Heil zu erflehen. Durch sein sündeloses Leben soll er beispielhaft wirken, und wenn er das Unglück hatte zu sündigen, muß er entsprechend büßen und sogar überschüssige gute Werke tun. Bei allen Bauten, die heidnischen Zwecken dienen (z. B. Richtstätten, Arenen), muß er seine Mitwirkung versagen. Schließlich muß der Pharisäer ein *einfaches Leben führen,* jeden Luxus meiden und alles, was er täglich erfährt und tut, in dankbarem Lobpreis vor Gott tragen.

Die biblischen Bücher sind für die Pharisäer grundlegende *Rechtsnorm,* mehr aber noch *das von den Schriftgelehrten* für die Gegenwart gültig *ausgelegte traditionelle Gesetz* (Halacha). Diesem Gesetz gegenüber sind sie einerseits recht demokratisch eingestellt, indem sie mehrere Deutungen nebeneinander gelten lassen, andererseits aber legen sie einen „Zaun um das Gesetz", indem sie z. B. einige Zeit vor dem Sabbatabend mit der Arbeitsruhe beginnen, um nur ja keine Sünde zu begehen. Die Schriftgelehrten unter den Pharisäern besitzen vor allem deswegen die Gunst des Volkes, weil sie es verstehen, beliebte Bräuche und Glaubensvorstellungen zu legalisieren. Man räumt ihnen gern in den Synagogen die ersten Plätze ein und empfindet ihre breiten Gebetsriemen und Fransen nicht als Zeichen hochmütiger Isolierung.

Die Gesetzeserfüllung hat zudem eine eschatologische Funktion. Sie beeinflußt das Heil des einzelnen, sein Bestehen im individuellen Gericht unmittelbar nach dem Tod und die Art seines Fortlebens im kommenden Äon. Die Pharisäer glauben also sehr wohl an die *Auferstehung der Toten* und das Fortleben der Seele.

Weil die Pharisäer die Verbindlichkeit des Gesetzes so in den Vordergrund rücken, kommt es besonders in Jerusalem auch zu einer *politischen Willenshaltung* bzw. Partei: Man möchte durchsetzen, daß das Gesetz überall in der Weise erfüllt wird, in der man es selbst versteht. Die Pharisäerpartei bleibt freilich in der Opposition bis zum Ende des Jüdischen Krieges. Die große Zeit des Pharisäismus kommt erst nach der Tempelzerstörung.

Jesu Verhältnis zu den Pharisäern ist nicht unbedingt negativ, denn er pflegt mit ihnen Tischgemeinschaft (Lk 7,36; 11,37; 14,1), und nach Lk 13,31 warnen ihn die Pharisäer vor einer Verfolgung des Herodes. Jesus stellt sich allerdings über die pharisäische Gesetzespraxis, indem er die Liebe zu Gott und zum Nächsten zum obersten Maßstab erhebt. Er dokumentiert diese seine Haltung deutlich dadurch, daß er sich über gewisse Reinheitsbestimmungen hinwegsetzt und mit Zöllnern und Sündern verkehrt. Im übrigen muß man bedenken, daß Jesu Haltung gegenüber den Pharisäern zu einem wesentlichen Teil die Auseinandersetzung der Urgemeinde mit der Synagoge bzw. den „Juden" widerspiegelt. In der Apostelgeschichte fällt auf, daß der Pharisäer Gamaliel der jungen Christengemeinde gegenüber Toleranz übt (Apg 5,34ff.), und Paulus kann mit einem gewissen Stolz an seine pharisäische Herkunft erinnern (Gal 1,13f.; Phil 3,5f.).

4. Die Essener

Die Essener treten mit der Chasidäer-Bewegung in Palästina auf. Ihr Name bedeutet die „Frommen" [5]. Allem Anschein nach stammen sie aus Gruppen, die in Babylon ihre Ideale geformt haben. Das Neue Testament erwähnt sie nicht. Sie sind in *Ordensgemeinschaften* organisiert, wohnen zölibatär in Klöstern oder in Brudergesellschaften, in denen Ehe und persönlicher Besitz zugelassen sind. Qumran am Toten Meer z.B. ist eine Klostergemeinde von Männern. Schriftforschung, Gebet und Handarbeit prägen das tägliche Leben dieser Gemeinschaften. Da sie gegen den Tempel und seine Priesterschaft eingestellt sind, lehnen sie auch jede Art

[5] Er ist vermutlich von aramäisch ḥasein/ḥasaja = fromm abzuleiten.

von Opfer ab. Beibehalten haben sie liturgische Gemeinschaftsmähler, rituelle Waschungen und Tauchbäder.

Charakteristisch ist ihr streng *dualistisch geformter Glaube:* Gott und Belial (Satan) stehen sich als oberste Prinzipien gegenüber. Auch die Menschen sind in göttlicher Vorherbestimmung in die Söhne des Lichtes und der Finsternis eingeteilt. Ihre Eschatologie umfaßt eine apokalyptisch gefärbte Naherwartung. Sie hoffen auf ein Endreich, das von drei Messiasgestalten angeführt wird, einem königlichen, einem priesterlichen und einem prophetischen Messias.

§ 9. Palästina und Rom in den Jahren 44–70

Literatur: *G. Baumbach,* Einheit und Vielfalt der jüdischen Freiheitsbewegung im 1. Jh. n. Chr., in: EvTh 45 (1985) 93–107. *St. Benko,* The Edict of Claudius of A.D 49 and the Instigator Chrestus, in: ThZ 25 (1969) 406–418. *P. Bilde,* The Causes of the Jewish War according to Josephus, in: JSJ 10 (1979) 179–202. *C. Daniel,* Esséniens, zélotes et sicaires et leur mention par paronymie dans le Nouveau Testament, in: Numen 13 (1966) 88–115. *M. Grant,* The Jews in the Roman World (London 1973). *E. Griffe,* La persécution contre les chrétiens de Rome de l'an 64, in: BLE 65 (1964) 3–16. *H. Guevara,* La resistencia judía contra Roma en la época de Jesús (Meitingen 1981). *R. Hanslik,* Der Erzählungskomplex vom Brand Roms und der Christenverfolgung bei Tacitus, in: Wiener Studien 76 (1963) 92–108. *M. Hengel,* Die Zeloten. Untersuchungen zur jüdischen Freiheitsbewegung in der Zeit von Herodes I. bis 70 n. Chr. (Leiden [2]1976). *H. Kreißig,* Die sozialen Zusammenhänge des Judäischen Krieges. Klassen und Klassenkampf im Palästina des 1. Jahrhunderts v. u. Z. (Berlin 1970). *V. Nikiprowetzky,* Sicaires et Zélotes. Une reconsidération, in: Semitica 23 (1973) 51–64. *D. H. Rhoads,* Israel in Revolution: 6–74 C. E. A Political History Based on the Writings of Josephus (Philadelphia 1976). *W. Rordorf,* Die Neronische Christenverfolgung im Spiegel der apokryphen Paulusakten, in: NTS 28 (1982) 365–374. *G. Stemberger,* Die römische Herrschaft im Urteil der Juden (Darmstadt 1983). *C. Thoma,* Auswirkungen des jüdischen Krieges gegen Rom (66–70/73 n. Chr.) auf das rabbinische Judentum, in: BZ 12 (1968) 30–54, 186–210. *A. Wlosok,* Rom und die Christen (Stuttgart 1970). *S. Zeitlin,* Masada and the Sicarii, in: JQR 55 (1964/65) 299–317.

1. Zur „antirömischen" Bewegung

Der Unmut gegen Rom und seine Prokuratoren schwelt seit den Tagen des Zensus (6 n. Chr.) weiter. Die neuere Forschung unterscheidet in dieser antirömischen Bewegung *zwei Gruppen,* die nach Herkunft und spezieller Zielsetzung voneinander abweichen.

Die *erste Gruppe* geht von Galiläa aus, sie wird getragen von den Nachkommen des Judas Galiläus. Der Volksmund bezeichnet sie gern als *Sikarier;* dieser Name rührt von dem kleinen Dolch (sica) her, den sie unter ihrem Mantel verborgen tragen und mit dem sie ihre Gegner – häufig inmitten einer größeren Menschenmenge – tödlich verletzen. Da sie *sozialrevolutionär* eingestellt sind, finden sich viele besitzlose Leute und kleine Bauern in ihren Reihen. Politisch erstreben sie eine Theokratie, d.h. die *Alleinherrschaft Jahwes* und die Beseitigung aller Mächte, die sich diesem Herrschaftsanspruch entgegenstellen. Das sind zunächst die Römer, aber auch die nichtjüdischen das Heilige Land „verunreinigenden" Bewohner und schließlich die mit den Römern kollaborierende jüdische Oberschicht. In der Endphase ihres Kampfes spalten sich die Sikarier auf, und ihre Anführer, die sich als politische Messiasse betrachten, befeinden sich gegenseitig.

Die *zweite Gruppe* nennt sich *Zeloten*[1]. Sie kann als eine *priesterliche Aufstandsbewegung* bestimmt werden, die für die Reinheit des Tempels mit Waffengewalt „eifert". Sie hat deswegen ihr Zentrum in Jerusalem. Die Zeloten verabscheuen Bilder in jeder Form, vor allem Kaiserbilder. Ihre Angriffe richten sich gegen die Römer, die sich in Tempelangelegenheiten einmischen, oder auch gegen die Priesteraristokratie, die das Opfer für den Kaiser zuläßt und Kontakte mit den Römern pflegt. Als Endziel schwebt ihnen der neue Tempel nach Ez 40–48 und die Einsetzung eines legitimen sadokitischen Hohenpriesters vor. In der Zelotenbewegung organisieren sich vor allem die Jugend des Priesteradels und der untere Klerus; mit den Sadduzäern haben die Zeloten enge Verbindung.

Sikariern und Zeloten ist gemeinsam eine Eschatologie in der Form der *apokalyptischen Naherwartung.* In der gegenwärtigen

[1] Der Name kommt von ζῆλος = Eifer.

Not erblicken sie die Drangsale der Endzeit, der alsbald die Heilszeit folgen müsse.

2. Die Prokuratoren (44–66)

a) Fadus und Alexander

Der Erste Prokurator ist *Cuspius Fadus (44–46).* Er greift gleich machtvoll in Grenzstreitigkeiten zwischen den Bewohnern Peräas und Philadelphias (Amman) ein und befreit das Land von Räuberbanden. Auf Befehl des Kaisers Claudius, der offensichtlich seit dem Tod Agrippas I. nicht mehr so projüdisch gesinnt ist, läßt er den *hohepriesterlichen Ornat* wieder in römische Verwahrung nehmen. Die Juden schicken daraufhin eine Gesandtschaft zum Kaiser, und dieser macht auf die Fürbitte des am Hofe lebenden jungen Agrippa II. seine Anordnung rückgängig.

Im Jordantal kommt es zu einem Blutbad: Ein gewisser *Theudas* – er wird in Apg 5,36 exemplarisch angeführt – verspricht, das Volk durch den Jordan in ein messianisches Reich zu führen. Fadus vermutet – sicher nicht zu Unrecht – hinter der ganzen Bewegung einen *Aufruhr gegen Rom.* Er läßt durch seine Reiterei die Menge überfallen. Theudas wird hingerichtet und sein Haupt als Siegeszeichen nach Jerusalem gebracht.

Der Nachfolger des Fadus heißt *Tiberius Alexander (46–48).* Er ist ein alexandrinischer *Jude* und Neffe des jüdisch-hellenistischen Philosophen Philo von Alexandrien. Von den Nationalisten wird er als Überläufer betrachtet. Tatsächlich läßt er zwei Söhne des Zeloten Judas von Galiläa kreuzigen. Während seiner Prokuratur tritt in Judäa eine Hungersnot ein, von der auch in Apg 11,28 die Rede ist.

b) Ventidius Cumanus (48–52)

Unter dem Prokurator *Ventidius Cumanus* kommt es zu mehreren *Zusammenstößen zwischen Juden und römischen Truppen.* Bei einem Paschafest provoziert ein Soldat der Tempelwache die Volksmenge durch sein ungebührliches Benehmen. Cumanus will die aufgebrachten Juden beschwichtigen, diese aber wenden sich gegen ihn und beschimpfen ihn. Der Prokurator ordnet Waffengewalt an, und in der beim Anblick der Truppen entstehenden Panik finden viele Juden den Tod.

Unweit Jerusalems fallen räuberische Horden über einen kaiserlichen Diener her und berauben ihn; Cumanus läßt deshalb die umliegenden Dörfer *ausplündern.* Ein Soldat, der dabei unter allerlei Verhöhnungen eine Gesetzesrolle zerreißt, muß hingerichtet werden, um die Volksmasse zu beruhigen.

Ein weiterer Vorfall wird Cumanus zum Verhängnis. Galiläische Festpilger werden auf dem Weg nach Jerusalem in einem samaritanischen Dorf ermordet. Da Cumanus, von den Samaritanern bestochen, auf eine Bestrafung verzichtet, fallen bewaffnete Juden in Samarien ein, verwüsten einige Dörfer und metzeln die Einwohner nieder. Daraufhin zieht Cumanus *mit Truppen gegen die Juden,* tötet viele und nimmt andere gefangen. Beide Parteien wenden sich an die höhere Instanz, den Statthalter von Syrien. Dieser bestraft zunächst die Juden und befiehlt den Vornehmsten der Juden und Samaritaner, sich zu ihrer Rechtfertigung nach Rom zu begeben. Kaiser Claudius entscheidet sich – diesmal wieder auf die Fürsprache Agrippas II. hin – für die Juden und setzt Cumanus ab.

Der *Kaiser* muß übrigens noch zweimal bezüglich der *Juden* eine Entscheidung treffen: Im Jahre 50 verweist er die Juden aus Rom wegen Unruhen, die sich mit dem Namen „Chrestus" verbinden[2]. Die Judenchristen Aquila und Priszilla kommen deswegen von Rom nach Korinth (Apg 18,2). Zwei Jahre später stellt er sich bei einem erneuten Kampf zwischen den alexandrinischen Juden und Griechen auf die Seite der Juden.

[2] Sueton: „impulsore Chresto tumultuantes" (Claud. XXV, 4).

c) Felix (52–60)

Diesmal ernennt Claudius den *Antonius Felix, einen Freigelassenen* des kaiserlichen Hauses, zum Prokurator. Der Kaiser liebt es, bewährte ehemalige Hofsklaven mit Verwaltungsaufgaben zu betrauen. So ist z. B. auch der Bruder des Felix, der mächtige Finanzminister Pallas, ein Freigelassener. Felix ist mit einer römischen Prinzessin, die von Antonius und Kleopatra abstammt, verheiratet; doch bald nach seinem Amtsantritt löst er diese Ehe, um die schöne *Drusilla,* eine Schwester Agrippas II., zu heiraten, obwohl diese bereits mit dem König Azizus von Emesa[3] vermählt ist.

Das Verhältnis zwischen Juden und Römern bleibt unter dem Imperium des Claudius (bis 54) verhältnismäßig entspannt. Später muß Felix *gegen* die immer zahlreicher und stärker werdenden *Sikarier*[4] *vorgehen.* Er läßt viele von ihnen kreuzigen und ihren Führer Eleasar gefesselt nach Rom bringen. Das ruft unter den Sikariern eine fanatische Gegenreaktion hervor. Sie mischen sich unter die Volksmenge, um meuchlings ihre eigenen mit Rom kollaborierenden Landsleute zu töten. Sogar der ehemalige Hohepriester Jonatan wird ein Opfer dieser neuen Taktik. Auch Paulus soll nach Apg 23,12–15 auf diese Weise umgebracht werden.

Andere Zeloten wiederum bringen die Juden durch ihre eschatologisch-messianischen Erwartungen in Gefahr. Flavius Josephus nennt sie Gaukler und Betrüger, die das Volk aufwiegeln und bereden, mit ihnen in die Wüste zu ziehen, um Gottes Wunder zu schauen. Aus dieser Situation stammen wohl die Worte der Evangelisten: „Wenn man also zu euch sagt: Sieh, er ist in der Wüste, so geht nicht hinaus“ (Mt 24,26). „Denn es werden falsche Messiasse und falsche Propheten auftreten und Zeichen und Wunder tun“ (Mk 13,22).

Auch Apg 21,38 erwähnt den „Ägypter, der unlängst einen Aufstand erregt und viertausend Sikarier in die Wüste hinausgeführt hat“. Nach Flavius Josephus leitet dieser ägyptische Jude

[3] Emesa liegt nordwestlich von Damaskus am Orontes.
[4] Vgl. S. 62.

30000 (!) seiner Anhänger von der Wüste auf den Ölberg, um ihnen zu zeigen, wie die Mauern Jerusalems auf sein Geheiß hin zusammenstürzen und der Weg zur Einnahme der Stadt frei wird. Felix kann mit seinen Soldaten diese Sikarier zerstreuen[5].

Während der zwei letzten Jahre seiner Regierung hält der Prokurator den Apostel *Paulus in Cäsarea in Haft* (Apg 25,27). Der Verfasser der Apostelgeschichte vermutet, daß Felix den Apostel gegen ein entsprechendes Lösegeld freigelassen hätte. Den wahren Charakter des Felix zeichnet er indirekt mit folgenden Worten: „Als er (Paulus) aber (vor Felix und Drusilla) auf Gerechtigkeit, Enthaltsamkeit und das künftige Gericht zu sprechen kam, geriet Felix in Furcht und sagte: ‚Für diesmal kannst du gehen; zu einer gelegenen Zeit werde ich dich wieder rufen lassen'" (Apg 25,27).

In dieser Zeit brechen in *Cäsarea Kämpfe zwischen Juden und Syrern* aus. Die Juden beanspruchen nämlich größere Bürgerrechte, da die Stadt eine Gründung des Herodes sei. Felix geht mit Gewalt gegen die Juden vor und übergibt einige ihrer Häuser seinen Soldaten zur Plünderung. Da die Bevölkerung trotzdem nicht zur Ruhe kommt, schickt er die angesehensten Vertreter beider Parteien nach Rom vor das kaiserliche Gericht. Aber noch ehe die Angelegenheit entschieden wird, erfolgt die Abberufung des Felix durch Nero.

d) Porcius Festus (60–62)

Der neue Prokurator *Porcius Festus* muß – ähnlich wie sein Vorgänger Felix – *gegen Sikarier und Pseudo-Messiasse einschreiten.* Der Streit zwischen den jüdischen und syrischen Einwohnern Cäsareas wird unter ihm durch ein kaiserliches Reskript entschieden: Die „Hellenen" werden zu den Herren der Stadt erklärt. Sein rechtliches Denken und Handeln zeigt sich bei den folgenden zwei Ereignissen:

[5] *Flavius Josephus,* Bell. Jud. II, 13,5; Ant. XX, 8,6.

(1) Der von Felix als Gefangener zurückgelassene Apostel *Paulus verlangt* von Festus, als römischer Bürger vor dem Kaiser gerichtet zu werden. Der Prokurator läßt ihn deswegen *nach Rom* abführen.

(2) Das andere Ereignis wird von Flavius Josephus so dargestellt: „Ebenfalls um diese Zeit errichtete der König Agrippa ein weitläufiges Gebäude auf der ehemaligen Königsburg der Hasmonäer nahe bei der Ringschule, und da das Gebäude in bedeutender Höhe lag, genoß man von hier aus einen reizenden Ausblick auf die Stadt. Daran hatte der König seine Freude, und wenn er hier auf einem Polster lag, konnte er alles übersehen, was im Tempel vor sich ging. Als dies die Vornehmsten von Jerusalem gewahrten, wurden sie sehr unwillig, weil es durchaus ungebräuchlich und ungesetzlich war, die Vorgänge im Tempel, besonders während der heiligen Handlungen, zu beobachten. Deshalb ließen sie oberhalb der Halle, die im Innern des Heiligtums gegen Westen lag, eine *hohe Mauer* aufführen, die nicht nur dem Ruheplatz des Königs, sondern auch der westlichen Halle außerhalb des Tempels, von wo aus die Römer an Festtagen die Vorgänge im Tempel überwachen ließen, jeden Ausblick versperrte. Hierüber geriet nicht nur Agrippa, sondern in noch höherem Grade auch der Prokurator Festus in Erregung, und der letztere gab den Befehl, die Mauer niederzureißen. Die Juden jedoch baten um die Erlaubnis, wegen dieser Angelegenheit Abgeordnete an Nero schicken zu dürfen, weil sie lieber sterben als einen Teil ihres Tempels zerstört sehen wollten. Da Festus dies gestattete, ordneten sie zehn vornehme Bürger aus ihrer Mitte sowie den Hohenpriester Ismael und den Tempelschatzmeister Helkias an den Cäsar ab. Nero erteilte ihnen Audienz und verzieh ihnen nicht nur das Geschehene, sondern gestattete auch, daß das Bauwerk stehen blieb, und zwar tat er das seiner Gemahlin Poppäa zu Gefallen, die eine gottesfürchtige Frau war und sich deshalb für die Juden ins Mittel legte.“[6] Festus stirbt vor Ablauf seiner Amtszeit. Der

[6] *Flavius Josephus,* Ant. XX, 8, 11.

Hohepriester Hannas benutzt die Zeit bis zum Eintreffen eines neuen Prokurators dazu, den Herrenbruder Jakobus und einige andere Christen wegen „Gesetzesübertretung“ verurteilen und steinigen zu lassen. Die Pharisäer sind gegen diese Art des Vorgehens, sie zeigen den Hannas an, und Agrippa II. setzt ihn ab.

e) Albinus und Florus

Den beiden letzten Prokuratoren vor dem Jüdischen Krieg wird besonders Bestechlichkeit und Geldgier vorgeworfen. Unter *Albinus (62–64)* kann z. B. jeder Gefangene gegen Geld seine Freiheit wiedererlangen. Die Sikarier nutzen das reichlich aus. Die Unverschämtheit des *Gessius Florus (64–66)* ist so maßlos, daß die Juden darüber den Albinus als ehrenwerten Mann preisen. Florus plündert ganze Städte und Gemeinden aus. Unter ihm beginnt der Jüdische Krieg.

3. Kaiser Nero (54–68)

a) Seine Regierung

Nero wird 16jährig zum Kaiser ausgerufen. Die Regierung der ersten fünf Jahre liegt in den Händen des Prätorianerpräfekten Burrus und des Philosophen Seneca. Beide arbeiten gut mit dem Senat zusammen. Die Herrschaftsansprüche der Agrippina, der Mutter Neros, werden zurückgedrängt, Agrippina selbst Mördern überliefert. Später entpuppt sich Nero immer mehr als ein *Selbstherrscher,* der auch vor Schandtaten nicht zurückschreckt. Er läßt vermeintliche Kronprätendenten umbringen. Gegen reiche Senatoren läßt er Prozesse wegen Majestätsbeleidigung führen, um anschließend ihre Güter zu konfiszieren. Viele Senatoren und Offiziere, die sich an einer Verschwörung gegen ihn beteiligen, läßt er hinrichten. Seine Frau Octavia läßt er töten, um seine Geliebte Sabina Poppäa zu heiraten. Die Gunst der Menge sucht er durch

Verteilung von Geld und die Veranstaltung zahlreicher Schauspiele, bei denen er zuweilen selbst als Künstler auftritt, zu erlangen. Neros *unreale Politik* bringt ganze Reichsteile zum Abfall. In Rom stehen die Prätorianer gegen ihn auf, er muß fliehen und begeht Selbstmord.

b) Nero, Juden und Christen

Den *Juden* gegenüber verhält sich Nero *zunächst freundlich.* Er läßt z.B. zehn jüdische Vornehme, die der Prokurator Felix als Geiseln nach Rom geschickt hat, frei. Seine Gattin Sabina Poppäa schenkt der jüdischen Religion Beachtung, hat Verbindung mit einem jüdischen Schauspieler und judenfreundlichen Personen. Als im Jahre 64 ein großer Teil Roms durch eine Feuersbrunst zerstört wird, lenkt Nero den gegen ihn gerichteten Verdacht nicht auf die „unpopulären" Juden ab. Es mag sein, daß auch die Siege der Parther über römische Truppen Nero zu einer guten Behandlung der Juden zwingen; das Diasporajudentum ist nämlich im Partherreich ziemlich stark vertreten. Nach einem Kompromiß mit den Parthern zeigt Nero für die Juden allerdings *immer weniger Verständnis:* Er läßt ihr Land finanziell aussaugen. Poppäa, die Fürsprecherin der Juden, stirbt im Jahre 65 nach Auseinandersetzungen mit Nero.

Die *Christen* gelten zunächst noch als eine Form des Judentums. Es steht ihnen deshalb wie diesem *freie Ausübung ihrer Religion* zu. Paulus kann fast ungehindert in der griechisch-römischen Welt missionieren und selbst an Nero appellieren. In Rom bildet sich, wie der Römerbrief des Paulus aus dem Jahre 58 beweist, schon früh eine christliche Gemeinde. Ein Senatsbeschluß, ebenfalls aus dem Jahre 58, lehnt zwar offiziell die fremden Religionen ab, scheint sich aber auf das Christentum kaum ausgewirkt zu haben. Paulus kann z.B. vor römischen Juden erklären, die Römer hätten ihn in Freiheit setzen wollen, da keinerlei todeswürdiges Vergehen bei ihm vorliege (Apg 28,18).

Die *Neronische Christenverfolgung* ist tatsächlich auf Rom beschränkt und nur im Zusammenhang mit der Suche nach einem Brandstifter zu verstehen. Die Weltabgeschiedenheit der Christen wird als Asozialität, als „Haß gegen das Menschengeschlecht", gedeutet [7]. Nero benutzt diese Stimmung und läßt viele Romchristen durch Tiere zerreißen und öffentlich verbrennen, d. h., sie werden auf die beiden Weisen getötet, die das Strafrecht für Brandstifter vorsieht. Sehr wahrscheinlich erleiden auch die Apostel Petrus und Paulus im Verlauf dieser Neronischen Verfolgung den Märtyrertod. Daß ein Unterschied zwischen Juden und Christen existiert, ist auf jeden Fall seit der Neronischen Verfolgung der Öffentlichkeit bewußt geworden.

4. Der Jüdische Krieg (66–70 n. Chr.)

Die allgemeine Unzufriedenheit mit der römischen Besatzungsmacht wächst immer mehr; die Zeloten geben dieser antirömischen Einstellung das religiöse Fundament, indem sie den Irrglauben verbreiten, der *Kampf gegen Rom* sei ein *Gott wohlgefälliges Tun,* das der messianischen Heilszeit vorausgehe. Den äußeren Anlaß zum offenen Aufstand gibt der Prokurator Gessius Florus, der auf Anordnung Neros 17 Talente aus dem Jerusalemer *Tempelschatz* entnimmt. Die Volkswut schafft sich daraufhin Luft durch die Verhöhnung des Prokurators: Man sammelt öffentlich Geld für den „armen" Florus. Dafür rächt sich dieser, indem er einen Teil der Stadt Jerusalem plündern läßt. Er ist allerdings nicht stark genug, um sich gegen die aufständische Menge durchzusetzen, und zieht nach Cäsarea ab.

Der junge *Tempeloberst Eleasar* stellt sich an die Spitze der Aufständischen. Er *verbietet die täglichen Opfer für den Kaiser,* nimmt die Burg Antonia ein und läßt die in Jerusalem stationierten römischen Truppen niedermetzeln. Cestius Gallus, der Statthalter von Syrien, versucht daraufhin, mit einem schnell zusam-

[7] *Tacitus,* Ann. 15, 44, 4.

mengestellten Heer Jerusalem zu besetzen. Doch der Angriff mißlingt, und die Juden fügen ihm in der Schlacht bei Bet-Horon[8] (Ende 66) empfindliche Verluste zu. Cestius Gallus wendet sich an Kaiser Nero, der den 57jährigen *General Vespasian* mit der Führung des jüdischen Feldzuges beauftragt.

Von Jerusalem aus, wo die gemäßigte Richtung der aristokratischen Patrioten die Führung bekommen hat, wird eine Art *Landesverteidigung* organisiert[9]. Obwohl man nicht ernsthaft damit rechnet, das gesamte Land vor den Römern schützen zu können, werden doch Delegationen in die einzelnen Landschaften abkommandiert. So kommt der spätere Historiker Josephus nach Galiläa, wird aber sogleich von dem Zelotenführer Johannes von Gischala als Verräter verdächtigt.

Vespasian und sein Sohn *Titus* können im Laufe des Jahres 67 ganz *Galiläa erobern.* Josephus geht nach der Einnahme von Jotapata[10] zu den Römern über, er wird deswegen schonend behandelt und später zum Ratgeber Vespasians bzw. Titus' ernannt. Johannes von Gischala kann mit einer Anzahl von Anhängern nach Jerusalem entkommen. Im Frühjahr 68 kann Vespasian fast *alle übrigen Landesteile besetzen;* die Gegend um Jerusalem und die Festungen am Toten Meer bleiben allerdings in jüdischen Händen.

Die *urchristliche Gemeinde* verläßt wohl um diese Zeit die Stadt Jerusalem, um sich *nach Pella* auf die Ostseite des Jordans zu begeben. Auch die Siedlung der Gemeinde von *Qumran* geht im Jahre 68 in Flammen auf; ihre kostbare Bibliothek hat sie vorher in den umliegenden Gebirgshöhlen in Sicherheit gebracht.

In *Jerusalem* selbst kommt es zum *Bürgerkrieg.* Die aristokratische Partei wird von den durch Einwanderung immer zahlreicher werdenden Zeloten z.T. blutig bekämpft. Der Zelotenpartei gelingt es sogar, durch das Los einen neuen Hohenpriester zu wäh-

[8] Bet-Horon liegt 18 km nordwestlich von Jerusalem.
[9] *C. Roth,* The Constitution of the Jewish Republic of 66–70, in: JSSt 9 (1964) 300ff.
[10] Jotapata ist ein Dorf im Unterland Galiläas.

len. Dann wird *Johannes von Gischala* mit Hilfe von heimlich herbeigerufenen idumäischen Truppen der starke Mann von Jerusalem. Seine Terrorherrschaft aber mißfällt sowohl den Idumäern als auch den Aristokraten, und sie beschließen, den Zeloten *Simon bar Giora,* den Sohn eines Proselyten, von Idumäa nach Jerusalem zu rufen. Im April 69 besetzt dieser den oberen und den südwestlichen Teil der Stadt [11]. In den nun folgenden Parteikämpfen wird die Umgebung des Tempels mitsamt den Vorratskammern stark in Mitleidenschaft gezogen.

Mittlerweile sind auch in Rom nach dem Selbstmord Neros (68) starke Machtkämpfe ausgebrochen, in denen die drei Kaiser Galba, Otho und Vitellius umkommen. *Vespasian* aber, der schließlich vom gesamten Osten *zum Kaiser ausgerufen* wird, kann sich durchsetzen. Die *Führung des Jüdischen Krieges* überträgt er noch im Jahre 69 seinem Sohn *Titus,* der im Frühjahr 70 *gegen Jerusalem* marschiert. Ihm stehen vier Legionen und zahlreiche Hilfstruppen zur Verfügung. Er greift die Stadt von Norden her an, da an allen anderen Seiten die Stadtmauern sich über mehr oder weniger steilen Abhängen erheben. Allerdings ist diese Nordseite durch drei Mauerzüge befestigt. Johannes von Gischala und Simon bar Giora beenden den Bruderkampf und widmen sich ganz der Verteidigung der Stadt. Nachdem den Römern der Durchbruch geglückt ist, schneiden sie zunächst die Stadt durch einen *Belagerungswall* von jeder Verbindung mit der Außenwelt ab. Im Juli 70 können sie die Burg Antonia nehmen, und etwa einen Monat später geht der *Tempel in Flammen* auf.

Anschließend wird der letzte Widerstand der Verteidiger in der Herodesburg gebrochen und *die Stadt gründlich zerstört.* Johannes und Simon werden gefangengenommen und für den Triumphzug des Titus in Rom aufbewahrt.

Die Einnahme der *Festungen* Herodeion, Machärus und Masada überläßt Titus dem neuen Statthalter der jetzt *selbständigen*

[11] Vgl. *O. Michel,* Studien zu Josephus. Simon Bar Giora, in: NTS 14 (1967/68) 402–408.

kaiserlichen Provinz Judäa. Masada kann erst nach längerer Belagerung im Jahre 73 erobert werden[12]. In der Diaspora kommt es vor allem in Ägypten zu Unruhen. Hier wird auf Anordnung Vespasians der um 160 gegründete jüdische Tempel von Leontopolis geschlossen. Zu den wichtigsten *Folgen des Jüdischen Krieges* sind zu rechnen: (1) der Verlust des religiös-kultischen Mittelpunktes der Judenschaft, (2) das Aufhören der Selbstverwaltung in der Form des Synedriums, (3) das Dahinschwinden der Priesterschaft und der von ihr getragenen Partei der Sadduzäer.

[12] Vgl. *S. B. Hoenig,* The Sicarii in Masada; Glory or Infamy?, in: Tradition 11 (1970) 5–30.

§ 10. Judentum und Christentum am Ende der neutestamentlichen Zeit

Literatur: *P. Borgen,* The Early Church and the Hellenistic Synagoge, in: Studia Theologica 37 (1983) 55–78. *J. A. F. Bruce,* Nerva and the Fiscus Judaicus, in: PEQ 96 (1964) 34–46. *W. H. C. Frend,* Martyrdom and Persecution in the Early Church. A Study of a Conflict from the Maccabees to Donatus (Oxford 1965). *K. Hruby,* Die Trennung von Kirche und Judentum, in: Theol. Berichte III (Einsiedeln 1974) 135–156. *L. Huteau-Dubois,* Les sursauts du nationalisme juif contre l'occupation romaine. De Massada à Bar Kokhba, in: REJ, Historia Judaica 127 (1968) 133–209. *H. Mantel,* The Causes of the Bar Kokhba Revolt, in: JQR 58 (1967/68) 224–242, 274–296. *K. H. Rengstorf,* Der Glanz von Jabne. Rabban Jochanan ben Zakkai und die Rettung des Judentums nach der Zerstörung Jerusalems, in: Festschrift für W. Caskel, hrsg. von E. Gräf (Leiden 1968) 233–244. *W. Schneemelcher,* Das Urchristentum (Stuttgart 1981). *G. Strecker,* Das Land Israel in frühchristlicher Zeit (Göttingen 1983).

1. Das Judentum

Unter den *flavischen Kaisern* Vespasian (69–79), Titus (79–81) und Domitian (81–96) kann sich das Judentum ein neues *Zentrum der Schriftgelehrsamkeit im kaiserlichen Jamnia*[1] schaffen. Organisator dieses Zentrums ist Rabbi Johanan ben Zakkai. Toraauslegung, Festsetzung des Schriftkanons und des Kalenders, Arbeit am alten biblischen Konsonantentext und Anfertigung von neuen griechischen Übersetzungen sind die Hauptaufgabengebiete dieser Gelehrtenschule. Sie genießt allmählich immer mehr Ansehen und wird von vielen Juden – vor allem was ihre richterlichen Entscheide angeht – als eine Fortsetzung des Jerusalemer Synedriums

[1] Jamnia liegt unweit der Küste, südlich von Jafo.

betrachtet. Das weltweite Diasporajudentum unterstützt die Rabbinen von Jamnia durch eine Art Schulsteuer. Der führende Schriftgelehrte Gamaliel II. trägt – etwa seit dem Jahre 90 – den Titel *Nasi* (= Fürst, Patriarch).

Im übrigen haben die Flavier den Juden ihre *Privilegien* belassen. Die Juden fallen also nicht unter das Vereinsverbot und dürfen sich nach wie vor in aller Freiheit in ihren Synagogen versammeln. Die früher an den Jerusalemer Tempel zu zahlende Steuer von einer Doppeldrachme müssen sie jetzt als Kriegsentschädigung für den Bau des Jupitertempels in Rom entrichten. Das wird freilich als eine harte Zumutung betrachtet. Aber erst Kaiser Nerva (96–98) hebt diese Steuer auf.

Um dem Auftreten eines neuen Messias entgegenzuwirken, läßt *Domitian* zwei Enkel des Judas, eines Bruders Jesu, zur Untersuchung nach Italien kommen. Er findet freilich bald heraus, daß von diesen harmlosen judäischen Bauern keine messianische Bewegung ausgehen kann.

Als Kaiser *Trajan (98–117)* im Jahre 115 gegen die Parther und weiter bis zum Persischen Golf vorstößt, taucht unter den Juden der Diaspora noch einmal der Haß gegen die Römerherrschaft auf, und es kommt zu blutigen Aufständen vor allem in Ägypten, Zyrene und auf Zypern. In Salamis wütet ein jüdischer Schattenkönig so grausam, daß nach seiner Besiegung kein Jude mehr die Insel betreten darf[2].

Unter Kaiser *Hadrian (117–138)* kommt es zu einer letzten größeren Erhebung der Judenschaft in Judäa und Umgebung. Unmittelbarer Anlaß dazu ist der Wunsch oder auch Befehl des Kaisers, Jerusalem zu einer römischen Stadt umzubauen und an Stelle des niedergebrannten Herodestempels ein heidnisches Heiligtum zu errichten. Weiterhin schärft der Kaiser das Gesetz, das im Römischen Reich die Kastration[3] verbietet, neu ein; die Juden betrachten dies als Angriff auf ihr Beschneidungsgebot.

[2] *A. Fuks,* Aspects of the Jewish Revolt in A.D. 115–17, in: Journal of Roman Studies 51 (1961) 98–104.
[3] „Mutilare genitalia".

Dem Führer der Aufständischen, *Simon Bar Kosiba*[4], gelingt es, Jerusalem und Judäa für einige Zeit zu befreien und vielleicht sogar eine Art Opfergottesdienst wieder einzurichten. Jedenfalls lassen Funde von Münzen mit der Aufschrift „Simon" oder „der Priester Eleasar" und der Datierung nach den Jahren der „Freiheit Jerusalems" diesen Schluß zu. Die *Ära der Befreiung* dauert optimal vom Herbst 131 bis zum Sommer 135. Um den Aufstand endgültig niederzuwerfen, kommandiert Hadrian den Julius Severus, einen seiner tüchtigsten Generale, aus Britannien nach Judäa ab. Dieser muß Dorf für Dorf und Schlupfwinkel für Schlupfwinkel – meist durch Aushungern – erobern. Vierzehn in den Höhlen von Murabaat und weiter südlich gefundene Bar-Kosiba-Briefe geben Zeugnis aus dieser schwierigen letzten Zeit des Belagerungskrieges. Simon selbst fällt bei der Einnahme der Bergfeste Bet-Ter[5] im Jahre 135.

Hadrian läßt das zerstörte *Jerusalem als Aelia Capitolina* mit einem Jupiter- und Venustempel wiederaufbauen und mit heidnischer Bevölkerung besiedeln. Den Juden bleibt der Zutritt bei Todesstrafe verboten[6]. Zudem wird der Name Judäa ausgemerzt, indem die Provinz fortan „Palästina" heißt. Die politischen Ansprüche des Judentums sind damit für Jahrhunderte erledigt.

2. Das Christentum

Bis zum Jahre 100 wächst die Zahl der Christen im Römischen Reich auf über 300000 an. Wie sich Vespasian und Titus zum Christentum verhalten, lassen die zeitgenössischen Quellen nicht erkennen. Es ist anzunehmen, daß sie das Christentum als eine mit dem Judentum verwandte Gemeinschaft betrachten, auf die das Vereinsverbot nicht zutrifft.

[4] Der Name wird auch Simon Bar Kochba gelesen und später nach Num 24,17 als Sternensohn gedeutet.

[5] Bet-Ter liegt 11 km südwestlich von Jerusalem.

[6] Erst seit dem 4. Jahrhundert werden sie wieder zur Klagemauer zugelassen.

Auch *Domitian* läßt sicher in seinen ersten zwölf Regierungsjahren (bis 92) die *christliche Kirche unangetastet;* Juden und Christen sind ihm gleichgültig, solange sie in keiner Weise die kaiserliche Autorität untergraben. Freilich kann die Haltung, die der römische Kaiser gegenüber den Christen einnimmt, nicht ohne weiteres auf die Städte und Bevölkerungsgruppen Kleinasiens, Syriens und Palästinas übertragen werden. Hier mag es gelegentlich zu stärkeren Spannungen kommen. Für den Schreiber des Ersten Petrusbriefes befinden sich die Verfolgten im Osten, Offb 2,13 bestätigt das Martyrium des Antipas in Pergamon und Offb 1,9 die Verbannung des Johannes auf die Insel Patmos.

Diskutiert wird die Frage einer *Domitianischen Christenverfolgung in den Jahren 93–96.* Einerseits steht fest, daß Domitian um seinen Thron bangt und deshalb mit Arrestierung und Verurteilung gegen bedeutende Persönlichkeiten vorgeht. Es ist gut möglich, daß er dabei nach einem Vorwand sucht, um sich der Rivalen zu entledigen. Eine kritische Durchsicht der Quellen, die für eine Christenverfolgung durch Domitian sprechen könnten, ergibt: Je näher diese Quellen an die Zeit Domitians heranrücken und je unverdächtiger sie in sich sind, um so mehr legt sich aus ihnen eine politische Interpretation nahe[7]. Die spätere christliche Tradition hat das nicht mehr recht verstanden und den Kaiser in den dunkelsten Farben des Christenverfolgers gezeichnet. Auf der anderen Seite darf aber auch nicht übersehen werden: Es geht dem Kaiser primär um die Beherrschung des römischen Adels. Hierbei kann er freilich auch Adelsangehörige treffen, die dem Christentum nicht allzu fern stehen. Die Hinrichtung der Exkonsuln Acilius Glabrio und Flavius Clemens und die Verbannung der Flavia Domitilla weisen in diese Richtung. Für Flavius Clemens und seine Gemahlin Domitilla, die beide nahe Verwandte des Kaisers sind, lassen sich christliche Sympathien nicht ausschließen. Aufgrund von Katakombeninschriften dürfte eindeutig feststehen, daß Do-

[7] *J. Speigl,* Der römische Staat und die Christen. Staat und Kirche von Domitian bis Commodus (Amsterdam 1970) 35.

mitilla ihren Hausgenossen Grabparzellen zur Verfügung stellt, aus denen später die berühmten Domitilla-Katakomben entstehen.

Unter Kaiser *Trajan* werden einige Fälle von *christlichen Märtyrern* bekannt. Die beiden Vorsteher der Hauptkirchen des Ostens, Simeon von Jerusalem und Ignatius von Antiochien, werden auf politische Verdächtigungen hin verurteilt, und sie sind gewiß nicht die einzigen Opfer aus Palästina – Syrien. In Bithynien – Pontus muß der kaiserliche Sonderbeauftragte Plinius Anklagen gegen Christen behandeln. Aus seiner Korrespondenz mit Trajan ergibt sich: Für ihn ist das Bekenntnis des Christentums superstitio und deshalb eine strafbare Handlung, die aber durch tätige Reue aufgehoben werden kann.

Kaiser *Hadrian* scheint den Christen gegenüber etwas *günstiger gesinnt* zu sein. Aus einem Reskript an Minucius Fundanus, den Statthalter der Provinz Asien, geht hervor: Nur ein durch Verbrechen qualifiziertes Christentum ist strafbar. Die ordentliche römische Prozeßform muß auch bei den Christen zur Anwendung kommen. Keinesfalls dürfen unschuldige Bürger belangt werden. Falsche Ankläger müssen haftbar gemacht werden.

Am Ende der neutestamentlichen Zeit steht sowohl keine allgemeine Verfolgung des Christentums[8] als auch die positive Haltung der Kirche zur legitimen Obrigkeit. Die Christen werden nie zur Staatsfeindlichkeit aufgefordert, wohl aber zur Standhaftigkeit gegenüber einer totalitären Herrschervergötzung.

[8] Auf eigenartigen Wegen ist es später zu der Legende von einer Verfolgung durch Hadrian gekommen, vgl. *Hieronymus,* Ep. 70,4.

Zweiter Teil

Zur Kulturgeschichte des Neuen Testaments

§ 11. Die Wirtschaft außerhalb und innerhalb Palästinas

1. Die wirtschaftlichen Verhältnisse im römischen Weltreich

Literatur: *M. I. Finley,* Die antike Wirtschaft (München [2]1980). *F. M. Heichelheim,* Wirtschaftsgeschichte des Altertums vom Paläolithikum bis zur Völkerwanderung der Germanen, Slaven und Araber, 3 Bde. (Leiden 1938; Neudruck 1969). *K. Hönn,* Augustus (Wien [4]1953). *H. J. Loane,* Industry and Commerce of the City of Rome (50 B. C. – A. D. 200) (Baltimore 1938). *M. Rostovtzeff,* Gesellschaft und Wirtschaft im römischen Kaiserreich, 2 Bde. (Leipzig 1929). *Ders.,* Gesellschafts- und Wirtschaftsgeschichte der hellenistischen Welt (Darmstadt 1955) Bd. 2.

a) Landwirtschaft

In diesem Abschnitt soll ein kurzer Überblick über die Haupterscheinungsformen der Wirtschaft im Römischen Reich zur neutestamentlichen Zeit gegeben werden. Die wichtigsten Produkte der *italischen Landwirtschaft* sind Wolle, Gemüse, Obst, Wein und Öl; das angebaute Getreide aber reicht bei weitem nicht aus, um den eigenen Bedarf zu decken. Die Viehzucht beschränkt sich im wesentlichen auf Schafe, Ziegen und Schweine, in der Poebene werden auch Rinder gehalten.

Die *landwirtschaftlichen Erzeugnisse Griechenlands* sind fast die gleichen, wenn sie auch quantitativ hinter den italischen zurückbleiben. Hingewiesen sei noch auf die Wälder Mazedoniens, die den gesamten ägäischen Raum mit Nutzholz versorgen.

Kleinasien zählt zu den landwirtschaftlich reichsten Gebieten des Imperiums. Überall gibt es Oliven. Die Süd- und Südwestküste ist durch ihren Wein bekannt. In Zilizien werden vornehmlich Getreide und Feigen angebaut, in seinen Wäldern Eber und Rotwild gejagt. Der Pontus liefert alle Arten von Früchten, viel Groß- und Kleinvieh, Geflügel und Fische, Honig und Wachs und gutes Holz für den Schiffsbau. Die Kornkammern des Reiches sind Ägypten und Sizilien. Obwohl zur Augusteischen Zeit das Kleinbauerntum gefördert wird, entwickeln sich im 1. Jahrhundert n. Chr. immer mehr die großen Güter (Latifundien), die durch Pächter und Sklaven bearbeitet werden.

b) Industrie und Handwerk

Eine eigentliche Großindustrie gibt es in dieser Zeit kaum. Die Handwerker haben ihre eigenen Betriebe. Vielfach herrscht aber auch eine geschlossene *Hauswirtschaft,* in der die römischen Großen eigene Handwerker aus ihrer Sklavenschaft für die Herstellung von allerlei Dingen auf dem Gebiet der Nahrung und Bekleidung beschäftigen[1]. Zahlreich vertreten sind die Gewerbe, die sich der Stoffherstellung und -bearbeitung widmen. Das Spinnen und Weben geschieht zum großen Teil in Heimarbeit. Die Tuchwalker, Färber und Centonarii[2] verfertigen ihre Waren in den Werkstätten und bieten sie auch dort feil. Gegenstände des Kunstgewerbes nehmen einen breiten Raum auf dem römischen Markt ein: Tonlampen, goldener und silberner Schmuck und Glaswaren jeglicher Art. Die einzelnen Handwerker sind in bestimmten Gilden zusammengeschlossen.

In Griechenland findet die Industrie einen wenig günstigen Boden. Hervorzuheben sind die Töpfereien von Aulis, die Marmorwerkstätten Attikas und die Salben- und Parfumfabriken Böotiens. In Kleinasien sind nur die Stoffzubereitung und die Erzeugung von Ton-, Bronze- und Silberwaren weiter verbreitet.

[1] Vgl. *Poland – Reisinger – Wagner,* Die antike Kultur in ihren Hauptzügen dargestellt (Leipzig ²1925) 206.
[2] Flickschneider, die meist billige Decken und Arbeitskleider herstellen.

c) Handel

Da die einzelnen Provinzen des Römischen Reiches nicht autark, sondern aufeinander angewiesen sind, ist der „Welthandel" eine charakteristische Erscheinung. Er erstreckt sich vor allem auf Getreide und andere Lebensmittel, die der Versorgung der Großstädte dienen. Er umfaßt aber auch den Austausch der Güter, die der steigende Wohlstand und die höhere Kultur erfordern. Die ursprünglich für militärische Zwecke gebauten und sich durch das ganze Reich ziehenden *Römerstraßen* begünstigen den Handel. Man kann z. B. von Palästina auf dem Landweg nach Troja gelangen, dann durch Mazedonien auf der Via Egnatia nach Dyrrhachium[3], weiter über die Meerenge nach Brundisium und von dort auf der Via Appia nach Rom. Für den Warentransport werden vierrädrige, tragfähige Wagen benutzt, die meistens von Ochsen, seltener von Pferden oder anderen Lasttieren gezogen werden.

Billiger und schneller ist der *Schiffsweg.* Die von Palästina nach Rom am meisten benutzte Route führt von Sidon über das Mittelmeer nach Puteoli bzw. Ostia[4]. Freilich kann diese Route von November bis März nicht befahren werden. In dieser Zeit kommt höchstens eine Fahrt entlang der Küste bis Philippi in Frage. Von dort nimmt man den Landweg über Dyrrhachium – Brundisium nach Rom. Ein zweiter Seeweg über Rhodos – Kreta nach Brundisium kann gefährlich werden. Nach Apg 27 reist Paulus auf einem Schiff, das diese Route nimmt und dabei nach Malta abgetrieben wird. Für den Handel werden Schiffe benutzt, die bis zu 54 m lang sind, eine Wasserverdrängung von 1200 Tonnen und gewöhnlich nur ein großes Segel haben.

Weitere wichtige Voraussetzungen für den Welthandel bilden auch das Griechische (Koine) als *Weltsprache* und die relative *Rechtssicherheit* des Imperium Romanum.

Von den eingeführten Waren nimmt sowohl in Italien als auch

[3] Dyrrhachium ist der heutige albanische Seehafen Durrés an der Adria.
[4] Der Hafen von Ostia wird erst in der zweiten Hälfte des 1. Jahrhunderts n. Chr. ausgebaut.

in Griechenland das *Getreide* als Hauptnahrungsmittel die erste Stelle ein. Es kommt zum größten Teil aus Ägypten, Sizilien und dem südlichen Rußland. In Rom ist der Getreidehandel Angelegenheit des Staates. Die kostenlose Getreidezuteilung an Tausende von römischen Bürgern macht die rechtzeitige Anlieferung des Getreides unbedingt erforderlich[5].

Aus dem Nahen und Fernen Osten werden in erster Linie Gewürze, Spezereien, Seide, Elfenbein, Edelsteine und Edelmetalle importiert. Auch der Handel mit Sklaven und wilden Tieren aus Afrika ist erwähnenswert. Exportiert werden aus Italien und Griechenland Erzeugnisse der Landwirtschaft und Gegenstände des Kunsthandwerks. Wichtige Handelszentren sind neben Rom und Korinth die Häfen von Ephesus, Antiochien und Alexandrien. Der größte Teil des Handels befindet sich in den Händen von griechischen und syrischen Kaufleuten[6], die in Gilden zusammengeschlossen sind, für die – wegen der damit verbundenen Aufstandsgefahr – eine besondere kaiserliche Erlaubnis nötig ist.

d) Finanzen

Bei den Handelsgeschäften verwendet man neben schriftlichen Dokumenten (Scheck, Wechsel) auch Münzen. Im Imperium Romanum gelten *zwei Währungen:* die eigene, vom Kaiser herausgegebene und die mit Erlaubnis des Kaisers in den Provinzen und Stadtgebieten geprägte. Die römische Währung fußt auf dem Aureus (Goldmünze). Als Silbermünze setzt sich immer mehr – auch im Welthandel – der Denarius durch. Weiter ist die Messingmünze des Sestertius im Umlauf. Die wichtigsten Kupfermünzen sind der Dupondius, der As und der Quadrans. Die Münzen stehen zueinander in folgendem Wertverhältnis:

[5] Kaiser Domitian z.B. schränkt deshalb die Weinerzeugung zugunsten des Getreideanbaus ein.

[6] *H. C. Oakley,* The Greek and Roman Background of the New Testament, in: R. P. Martin (Hrsg.), Vox Evangelica (London 1962) 11.

1 Aureus = 25 Denare = 100 Sesterzen = 200 Dupondien = 400 Asse = 1600 Quadranten oder

1 Denar = 4 Sesterzen = 8 Dupondien = 16 Asse = 64 Quadranten. – Ein Denar entspricht ungefähr dem Tageslohn eines Arbeiters in der Landwirtschaft[7].

Die Geldgeschäfte werden vielfach über *Banken* abgewickelt. Diese Banken sind in Privathänden und werden meist von Sklaven verwaltet. Sie dienen vornehmlich dem Umtausch der fremden Währungen, der Aufrechterhaltung von Konten und der Geldausleihe. Staatsbanken gibt es nicht, der Bankier braucht aber die Lizenz der örtlichen Behörden.

Als Abgaben für den Staat werden *Steuern und Zölle* erhoben. Aus den Provinzen wird ein Tribut eingetrieben, der rund 10% des Einkommens der Bewohner beträgt. Das Einkommen wird in regelmäßigem Abstand geschätzt und neu festgelegt[8]. Da das Reich in Zollbezirke eingeteilt ist – die im allgemeinen nicht mit den Provinzen identisch sind –, werden an den Zollgrenzen Abgaben für die beförderten Waren verlangt; sie betragen ungefähr $2^1/_2$% des Warenwertes. Es gibt auch eine sogenannte Versteigerungssteuer, die für Waren 1 %, für Sklaven 4 % ausmacht. Bei der Freilassung eines Sklaven muß eine Steuer von 5% entrichtet werden. Auch die Erbschaftssteuer beläuft sich auf 5%. Daneben werden noch Strafgelder eingezogen und Spezialerhebungen von verschiedener Höhe durchgeführt. Die Steuern und Zölle werden im allgemeinen von privaten Unternehmen eingesammelt, während der Tribut von den Provinzregierungen abgeliefert wird. Insgesamt kann man feststellen, daß die Steuern relativ gering sind und oft die riesigen Staatsausgaben nicht decken können. Das entstehende Defizit wird häufig durch private und kaiserliche Schenkungen ausgeglichen.

[7] Vgl. Mt 20,2.9.13.
[8] Vgl. die Schätzung des Quirinius in Lk 2,1f.

2. Die Wirtschaft Palästinas

Literatur: *M. Broshi,* La population de l'ancienne Jérusalem, in: RB 82 (1975) 5–14. *J. Jeremias,* Jerusalem zur Zeit Jesu (Göttingen ³1969). *H. Kreißig,* Die landwirtschaftliche Situation in Palästina vor dem jüdäischen Krieg, in: Acta Antiqua Academiae Scientiarum Hungaricae 17 (1969) 223–254.

a) Landwirtschaft

Die Landwirtschaft bildet die Lebensgrundlage Palästinas. Die kahle Gebirgslandschaft Judäas freilich vermag seine Bevölkerung nicht genügend zu ernähren. Die fruchtbaren Anbaugebiete sind vielmehr die ausgedehnten Ebenen zwischen *Galiläa und Samarien*[9], das Gebiet im Nordosten des Sees Gennesaret, die im Bergland zerstreuten größeren und kleineren Ebenen und die Gegend um Jericho.

Die Hauptanbauprodukte sind *Weizen und Gerste,* nach denen mit Abstand Oliven, Wein, Gemüse und Früchte folgen. Die Oase von Jericho ist wegen ihrer Palmen und Balsamstauden berühmt. Großvieh und Widder werden vor allem im Ostjordanland, Kälber in der Küstenebene gezüchtet; das Gebirge von Juda liefert Ziegen und Tauben. Am West- und Nordufer des Sees Gennesaret wird Fischerei betrieben. Bei den Kleinbauern ist die Bienenzucht weit verbreitet. Der palästinensische Bauer hat auf jeden Fall – bei normalen Witterungsverhältnissen – für sich und seine Familie genügend Brotgetreide, Gemüse und Milch. Der Fleischgenuß aber bleibt vornehmlich den Festen vorbehalten und ist stark an die Opferfeier gebunden.

b) Handwerk

Neben dem Bauern steht der Handwerker in Palästina in hohem Ansehen. Viele Priester und Schriftgelehrte verstehen ein Handwerk. Auf dem Land spielen Schmiede, Töpfer, Woll- und Leine-

[9] Vgl. Bill., Bd. I, 153–159.

weber eine große Rolle. In den Städten, vor allem in Jerusalem, ist eine Fülle von Gewerben konzentriert. Neben den bereits für das Land erwähnten Handwerkern treffen wir Hersteller von Olivenöl und wohlriechenden Salben. Die Walker und Schneider verarbeiten die Erzeugnisse der Weberei. Das Ledergewerbe beschäftigt die Gerber und Sandalenmacher. Andere Gewerbe dienen der Ernährung, wie die Bäcker, Fleischer und Wasserträger. Öfter genannt werden Friseure und Geldwechsler. Auch die Ärzte zählen zu den Handwerkern.

Der Tempel mit seinem Kultus beschäftigt eine gewaltige Zahl *Gewerbetreibender,* vor allem Steinmetzen, Zimmerleute und Kunstschmiede. Am Andenkengewerbe sind Gold- und Silberschmiede und Schreiber beteiligt; letztere stellen Pergament- und Papyrusrollen mit Gesetzes- und Prophetentexten her. Die Organisation der Gewerbe äußert sich zunächst in ihrem örtlichen Zusammenschluß, doch scheint eine darüber hinausgehende innungsmäßige Organisation wahrscheinlich.

c) Handel

Während des 1. Jahrhunderts werden in Palästina hauptsächlich Holz, Metalle, Luxusartikel und bestimmte Nahrungsmittel *importiert;* hierzu zählen Zedernholz vom Libanon und andere Nutzhölzer aus Kleinasien, korinthisches Erz und Metallgeräte aus Italien, Glas aus Sidon, Edelsteine und Gold aus Arabien, kostbare Stoffe und Gewürze aus Mesopotamien und Indien, Pökelfisch aus Spanien, Äpfel aus Kreta und Käse aus Bithynien. Die *Ausfuhren* bestehen fast nur aus Agrarprodukten, wie Weizen, Olivenöl, Balsam, Honig und Feigen. Die Handelsbilanz ist ziemlich ausgeglichen.

Jerusalem selbst liegt, handelsgeographisch gesehen, äußerst ungünstig, da es von den Hafenstädten Jafo, Gaza und Ptolemais und vom Osten her nur schwer zu erreichen ist; außerdem besteht im Gebirgsland die Gefahr räuberischer Überfälle.

Die Haupthandelsstraßen vom Ostjordanland her berühren Jerusalem nicht, sie führen entweder nördlich oder südlich des Sees Gennesaret direkt zur Küste. Nur eine einzige Straße tangiert Jerusalem: Das ist die der Wasserscheide folgende *Nord-Süd-Straße* von Sichem nach Hebron. Sie verbindet das Steppengebiet Südpalästinas mit Jerusalem und dem Norden und besitzt nur Wert für den Binnenverkehr. Daß Jerusalem trotzdem einen so ausgedehnten Handel hat, hängt mit seiner politischen und religiösen Bedeutung zusammen: Die Könige haben erhöhte Bedürfnisse, und die Wallfahrer fördern den Bedarf.

Die Handelsartikel werden in langen Kamelkarawanen nach Jerusalem gebracht; für den Nahtransport werden Esel, kaum Wagen verwendet. Neben größeren Warenlagern gibt es sieben verschiedene *Märkte* für den Handel mit Vieh, Wolle, Eisenwaren, Bekleidung, Holz, Brot und Gemüse/Obst. Für die Ordnung des Handels sorgen Polizei und Marktkontrolleure, die auch für die Preisfestsetzung zuständig sind. Bei den Käufen und Verkäufen muß ein Marktzoll entrichtet werden, ausgenommen für Früchte. Das Gebirge Juda liefert Schafe, Ziegen, Lämmer und Tauben; die Rinder bezieht man aus der Küstenebene und vom Ostjordanland. Aus letzterem kommt auch das meiste Getreide, daneben noch aus Samarien und Galiläa. Die Versorgung der Stadt mit Obst, Gemüse und Wein leistet größtenteils die unmittelbare Umgebung. Auch Steine für den Mauerbau und Balken zur Dachherstellung werden aus der Nähe beschafft. Für das tägliche Brandopfer kommt Holz von Feigen-, Nuß- und Harzbäumen zur Verwendung, Ölbaumholz und Weinreben sind unzulässig.

Neben der römischen Währung sind in Palästina noch *griechische Münzen* im Umlauf. Einheit ist die Silberdrachme. Sie zählt 6 Oboloi bzw. 48 Chalkoi. Da eine Drachme und ein römischer Denar als Silbermünzen gleichwertig sind, spricht man einfach vom „Silberling“. Für eine Drachme bekommt man ungefähr 13 Liter Getreide (= einen Eimer voll), während man für ein Hemd etwa vier Drachmen zahlen muß. Die Gewichte Talent und Schekel werden auch als Zahlungsmittel benutzt, wobei das Talent 6000 Silberlinge, der Schekel 2 Silberlinge wert ist.

Als *Gewichte* werden gebraucht: 1 Talent = 60 Minen = 3600 Schekel. Da einem Schekel rund 11,5 g entsprechen, ist eine Mine 685 g und ein Talent 41,126 kg. Das Pfund hat etwa 320 g.

An *Hohlmaßen* verwendet man für Trockenes den Malter (218,3 kg) zu 30 Scheffeln (je 7,28 kg) und das Maß (1,31 kg), für Flüssiges das Maß (39,3 l), den Bat (21,8 l) und den Krug (0,55 l).

d) Fremdenverkehr

Da Jerusalem das Zentrum des Weltjudentums ist, hat es einen relativ umfangreichen Fremdenverkehr zu verzeichnen. Aus der ganzen Diaspora – von Germanien bis Äthiopien – kommen die Juden in „ihre" Stadt. In den regenlosen Monaten (März bis September), vor allem aber an den drei *Wallfahrtsfesten* (Pascha, Pfingsten, Laubhütten) ist die Zahl der Besucher sehr groß. Die Wallfahrt wird nicht nur von religiösen Motiven getragen, sie ist auch in wirtschaftlicher Hinsicht von Bedeutung, da der zweite Zehnte [10] in Natur- oder Geldwert mit nach Jerusalem genommen und dort verzehrt werden muß. Innerhalb Palästinas reist man in Gesellschaften, da es allein zu gefährlich ist, entweder zu Fuß, was als besonders verdienstlich gilt, oder auf einem Esel, selten im Wagen [11]. In Jerusalem halten sich dann neben den etwa 30 000 Einwohnern etwa 150 000 Pilger auf. Es gibt zwar viele Herbergen, und die Mitglieder religiöser Gemeinschaften finden bei Freunden Unterkunft; trotzdem müssen viele in Zelten auf freiem Feld übernachten. Aus diesem Grund wird am Paschafest der Stadtbezirk erweitert, denn es ist Vorschrift, die Nacht vom 14. zum 15. Nisan in Jerusalem zu verbringen. Für jeden männlichen Juden und Vollproselyten ist die wenigstens einmalige jährliche Pilgerfahrt vom 12. Lebensjahr an verpflichtend, aber auch die Frauen nehmen gern an den Reisen teil.

[10] Der erste Zehnte von allen Fruchtarten soll für die Leviten abgesondert werden; der zweite Zehnte verbleibt dem Besitzer, er soll für die Festwallfahrt aufgespart werden.

[11] Vgl. Lk 2,41–45; Mk 11,1–8; Apg 8,27 f.

§ 12. Die sozialen Verhältnisse im Judentum

A. Die gesellschaftliche Gliederung des Volkes

Literatur: *H. Cazelles,* Le milieu religieux-social et politique de la Judée au temps de Jésus, in: Festschrift für A. Card. Ottaviani, Bd. II (Roma 1969) 661–702. *H. Gülzow,* Christentum und Sklaverei in den ersten drei Jahrhunderten (Bonn 1969). *J. Jeremias,* Jerusalem zur Zeit Jesu (Göttingen [3]1969) Tl. 2. *H. G. Kippenberg,* Religion und Klassenbildung im antiken Judäa. Eine religionssoziologische Studie zum Verhältnis von Tradition und gesellschaftlicher Entwicklung (Göttingen 1978). *N. Levison,* The Proselyte in Biblical and Early Post-Biblical Times, in: Scottish Journal of Theology 10 (1957) 45–56. *A. Schalit,* König Herodes. Der Mann und sein Werk (Berlin 1969).

1. Allgemeine Bemerkungen

In mancherlei Hinsicht ist Palästina zur Zeit Jesu von *Gegensätzen* geprägt. Die geographischen und klimatischen Unterschiede von Küstenebene, Bergland und Jordangraben spiegeln sich naturgemäß in den wirtschaftlichen und sozialen Verhältnissen. Die wenigen rein jüdisch besiedelten Landstriche, deren öffentliches und privates Leben weitgehend vom jüdischen Glauben und seinen Institutionen bestimmt wird, sind umgeben und durchsetzt von hellenistisch-heidnischen Gebieten. Dem jüdischen Kernland, zu dem wir im wesentlichen Judäa – ohne die vorwiegend von Griechen und Syrern besiedelte Küstenebene – und Galiläa rechnen, unter Einschluß von Idumäa und Peräa, steht als einzig jüdisch geprägte *Stadt Jerusalem* gegenüber.

Zur Zeit Jesu ist ihr Bild bestimmt von *starken sozialen Unter-*

schieden und Spannungen. Zur prunkvollen Hofhaltung der herodianischen Könige, umgeben von priesterlichen und laikalen Aristokratenfamilien, bildet die Menge mittelständischer und unterer Bevölkerungsschichten (Tagelöhner, Bettler, Krüppel) einen krassen Gegensatz. Nirgends in Judäa stoßen Glanz und Elend so unvermittelt aufeinander. Das soziale Ansehen innerhalb dieses spannungsreichen Gebildes beruht nicht allein auf wirtschaftlichen, politischen und landschaftlichen Gegebenheiten, sondern auch eine Reihe von religiös bedingten Faktoren fällt stark ins Gewicht. Dementsprechend wendet sich unser Überblick zunächst der sozio-ökonomischen und dann der theokratisch-reinheitsmäßigen Gliederung des jüdischen Volkes um die Zeitenwende zu.

2. Die sozio-ökonomische Gliederung

a) Der Jerusalemer Hof

Unter den herodianischen Königen gewinnt Jerusalem als Residenzstadt fürstlichen Glanz. Herodes entfaltet in seinem prachtvollen Palast nach dem Vorbild hellenistischer Fürsten und römischer Klientelkönige eine herrschaftliche Hofhaltung. Dazu gehört eine Abfolge von Ämtern und Würden, die ihre Träger in den hierarchischen Stufenbau der königlichen Umgebung einordnen. Diese bilden die einflußreiche Oberschicht des Staates.

Als Hulderweis verleiht der Herrscher *auszeichnende Titel* an Personen, die aus irgendeinem Grunde sein Wohlgefallen gefunden haben. Solche Titel sind „*Gefährte*“ und „*Verwandter*“. Zu den Vorrechten ihrer Träger gehört es, täglich den Palast zu betreten, den König zu sehen und in seinem privaten Rat zu sitzen. Es ist begehrenswert, „*Mitzögling*“ zu sein. So bezeichnet man junge Leute aus vornehmen reichen Familien, die gemeinsam mit den Prinzen am königlichen Hof erzogen werden. Aber auch ehrenhalber wird diese Würde verliehen aufgrund der Huld des Königs. Ein hoher Titel scheint auch der des „*Leibwächters*“ zu sein. Damit sind nicht einfach die zahlreichen Mitglieder der königlichen Leibwache oder der Lanzenträger gemeint, sondern besonders geehrte Persönlichkeiten aus dieser Gruppe; sie gehören zu den engeren Vertrauensleuten des Königs.

Neben solchen Ehrenämtern gibt es natürlich eine Reihe echter *Dienstämter,* die zur Abwicklung des Hoflebens notwendig sind. So läuft z.B. über den königlichen *Sekretär* die Korrespondenz des Herrschers; seine Vermögensverwaltung wird teilweise vom *Schatzmeister* getragen. Den Hofstaat beschließt eine Fülle von untergeordneten Beamten, die teils als Freie, teils als Sklaven ihres Amtes walten. Wir hören von Eunuchen, die verantwortungsvolle Aufgaben als *Mundschenk, Hofkoch* und *Kammerdiener* wahrnehmen. Zu der vielhundertköpfigen Schar der Diener gehören auch *Ärzte, Barbiere* und *Verantwortliche für das Jagdwesen.* Seine orientalische Prägung erhält der Hof durch den Harem und die dazugehörige Dienerschaft.

Zur *Finanzierung* dieses aufwendigen Hofes kann Herodes auf Privat- und Staatseinnahmen zurückgreifen. Folgende private Einnahmequellen kommen in Frage: sein Privatbesitz in Marissa; die zahlreichen beschlagnahmten Güter seiner politischen Gegner (Hasmonäer u.a.); die Zinsen aus Geldverleih (z.B. an den Nabatäerkönig). Die Staatseinnahmen des königlichen Schatzamtes setzen sich zusammen aus verschiedenen Steuern, wie Kopfsteuer, Tribut[1], Einkommen-, Kranz-[2] und Salzsteuer.

b) Die wohlhabende Oberschicht

Der *Großgrundbesitz* beschränkt sich nicht nur auf die herodianische Dynastie. Besonders im 1. Jahrhundert v.Chr. häuft sich in den ertragreichen Gebieten Galiläas und Judäas der Besitz von

[1] Er wird von der beweglichen Habe entrichtet und beträgt 1% des geschätzten Wertes.

[2] Sie ist zu zahlen, wenn dem König ein öffentliches Anliegen vorgebracht wird. Ursprünglich wurde sie in Form eines goldenen Kranzes abgeliefert.

einigen Begüterten. Im babylonischen Talmud z. B. wird überliefert, daß Rabbi Eleazar jährlich 13000 Kälber seiner Herde als Zehnten entrichtet habe[3]. Wenn man auch bei dieser Angabe die Übertreibung streichen muß, so erläutert sie doch hervorragend, daß die Wohlhabenheit mancher Männer auf reichem Grund- und Viehbesitz beruht. Die Großgrundbesitzer praktizieren zudem oftmals unlautere Handelspraktiken, indem sie das Brotgetreide spekulierend zurückhalten, um den Verkaufspreis zu steigern, oder indem sie in ertragreichen Jahren die Kleinbauern und Pächter auf dem Markt unterbieten. Auch als Darlehnsgeber haben sie die Pächter, die sich in schlechten Jahren stark verschulden müssen, oft völlig in der Hand.

Zur Oberschicht muß auch der *Priesteradel* gerechnet werden, dessen Amtsobliegenheiten ein reiches Vermögen erfordern[4], auch unabhängig davon, daß seit Antiochus Epiphanes das Amt des Hohenpriesters immer häufiger dem Meistbietenden zugeschlagen wird.

Zu den besitzenden Kreisen sind auch die *Steuerpächter* zu zählen, die aus dem Steuer- und Zollsystem des Altertums ihren Nutzen ziehen. Während in der römischen Kaiserzeit die eigentlichen Steuern von staatlichen Beamten, den Quästoren und Prokuratoren bzw. Statthaltern, erhoben werden, werden die *Zölle* durch Pächter, genannt *publicani,* eingezogen. Private Unternehmer pachten – allein oder in Gesellschaften – gegen einen jährlichen Festbetrag den Zoll eines bestimmten Gebietes. Ihr Risiko besteht darin, daß sie bei Mindereinnahmen den Verlust selbst tragen müssen. Da die Höhe der einzufordernden Abgaben oft aber unbestimmt bleibt, ist der Willkür der Zolleinnehmer keine Schranke gesetzt. Jedenfalls sind unrechtmäßige Bereicherungen an der Tagesordnung.

Es wundert nicht, daß gerade die Stadt Jerusalem diese wohlhabenden Bevölkerungsschichten immer wieder anzieht. In opulen-

[3] Vgl. Babylon. Talmud Jom Tob 23a.

[4] So muß z. B. der Hohepriester die Opfer des großen Versöhnungstages aus eigenen Mitteln bestreiten.

ten Gastmählern und gesellschaftlichen Ereignissen luxuriösen Stils schaffen sie sich den Rahmen eines Lebens, das in Kleidung, Hausausstattung und Zahl der Bediensteten dem Hof nachzueifern sucht.

c) Die mittelständischen Schichten

Zum Mittelstand sind vornehmlich die *Kleinhändler* zu rechnen, die ihre Waren in einem der Bazare anbieten, die *Handwerker,* die über eine eigene Werkstatt verfügen, die *Gastwirte* und das *Nahrungsmittelgewerbe.*

Auch die einfachen *Priester* sind diesem Stand zuzuweisen. Die etwa 18000 Priester und Leviten zur Zeit Jesu leben, in 24 Wochenabteilungen gegliedert, über das ganze Land verstreut. Nur wenige von ihnen sind in Jerusalem ansässig; die breite Mehrheit geht auf dem Lande einem anderen Broterwerb nach und zieht nur zum priesterlichen Dienst nach Jerusalem hinauf. Als *Einnahmen* stehen ihnen zu: Die Sünd- und Schuldopfer ganz, d.h. nur die Fettstücke werden auf dem Altar verbrannt, während das Fleisch ihnen zufällt. Auch von den Speiseopfern gehört ihnen das meiste. Selbst die zwölf Schaubrote, die wöchentlich im Tempel erneuert werden, sind für sie bestimmt. Alle diese Anteile an den Opfern gelten als hochheilig und dürfen nur von den Priestern – nicht von ihren Angehörigen – im inneren Vorhof des Tempels verzehrt werden. Bei den Schelamimopfern[5] dürfen die Brust und die rechte Keule des Opfertieres von den Priestern und ihren Angehörigen gegessen werden. Dem Priester wird schließlich das Fell des im Brandopfer dargebrachten Tieres übergeben. Es versteht sich, daß diese Anteile jeweils nur den amtierenden Priestern zukommen, also dem einzelnen während zweier Wochen im Jahr und an den Festen.

[5] Gemeint sind die Heils- oder Friedopfer, bei denen das geschlachtete Tier zwischen Jahwe und den Opfernden geteilt wird. Fett, Nieren und Leber werden Gott dargebracht (verbrannt). Gott wird dadurch Teilnehmer am folgenden Mahl, bei dem die gekochten Fleischstücke verzehrt werden.

Die eigentliche Einkommenssubstanz der Priester erwächst aus den *Abgaben,* die pflichtgemäß an den Tempel für den Unterhalt des Kultpersonals zu entrichten sind. Sie können als Naturalabgaben und in Geld geliefert werden. Von den Bodenerzeugnissen sind zu nennen: die Erstlingsfrüchte[6], die Priesterhebe[7], der für die Leviten bestimmte Zehnte aller Bodenerzeugnisse und die Hebe vom Brot beim Backen. Die Abgaben von der Viehzucht sind dreierlei Art: Einmal muß die Erstgeburt entrichtet werden, wenn sie männlich ist; dann stehen von jeder Schlachtung opferbarer Tiere den Priestern Vorderfuß, Kinnbacken und Magen zu, und schließlich ein Anteil vom Ertrag der Schafschur. Aber trotz dieser Zuteilungen lebt die Menge der Priester tatsächlich in ärmlichen Verhältnissen. Hinzu kommt, daß weite Teile des Volkes die Abgaben nur ungenügend entrichten.

Die judäischen und galiläischen *Kleinbauern und Fischer* wird man dem unteren Mittelstand zuweisen müssen, wenn auch die finanzielle Situation sehr verschieden ist. In Jahren der Mißernte kann der Kleinbauer – mangels einer Rücklage für Notzeiten – in unwürdige Abhängigkeit vom Großgrundbesitzer geraten. Unter Umständen ist er sogar gezwungen, sein Land zu verkaufen.

d) Die armen und notleidenden Schichten

In der Stadt Jerusalem bildet die sozial schwache Schicht wohl die zahlenmäßig stärkste Gruppe. Aber auch in der judäischen Gesamtbevölkerung macht sie einen hohen Prozentsatz aus.

Der *Tagelöhner,* der weder über Grundbesitz verfügt noch einem festen handwerklichen Beruf nachgeht, bietet jeden Morgen von neuem seine Arbeitskraft an. Infolgedessen ist er in allen Sparten tätig, in der Landwirtschaft, im Transportwesen und in Handwerksbetrieben. Es läßt sich leicht ermessen, was es unter

6 Das sind früh gereifte, vom Besitzer besonders gekennzeichnete Früchte, die dann Gott geweiht sind und nicht anderweitig verbraucht werden dürfen.

7 Sie beträgt etwa 2% der Feld- und Baumfrüchte und wird meist den ortsansässigen Priestern übergeben.

diesen Bedingungen bedeutet, an einem Tag nicht gedungen zu werden. Denn der tägliche Lohn – durchschnittlich ein Denar – reicht kaum aus, neben dem reinen Lebensunterhalt für die Familie auch noch Ausgaben für Kleidung oder Eigentumserwerb zu bestreiten. Mitunter schließt die Vereinbarung mit dem Arbeitgeber auch die Beköstigung für den Tag mit ein. In den fruchtbaren Landstrichen mit ertragreichen landwirtschaftlichen Großunternehmen besteht eher die Möglichkeit, eine längerfristige Beschäftigung zu finden, so daß nicht jeder Tag von neuer Ungewißheit gezeichnet ist. Die Tagelöhner gehören also zu den im Neuen Testament öfter genannten Armen neben den zahlreichen *Bettlern,* die sich vor allem in Jerusalem einfinden.

Das Straßenbild der Heiligen Stadt, insbesondere in der Nähe des Tempelbezirks, ist bestimmt von den bedauernswerten Gestalten der vielen Blinden, Lahmen und Kranken, die hier an die Spendefreudigkeit der Pilger und Tempelbesucher appellieren. Da wohltätige Almosen und Liebeswerke bei den Juden hoch eingeschätzt werden, nicht zuletzt wegen der damit verbundenen göttlichen Belohnung, ist Jerusalem zur Zeit Jesu als Zentrum der Bettler bekannt. Man sieht sich sogar gezwungen, für die sich um das Heiligtum sammelnden Bettler den Zutritt zum Tempel zu beschränken.

Die jüdische Spendefreudigkeit birgt freilich auch die Gefahr in sich, daß manche arbeitsscheue Gestalten Armut oder Gebrechen vortäuschen, um sich Almosen zu erschleichen.

Zu den Bevölkerungsgruppen, die ganz von fremder Unterstützung leben, sind auch die *Schriftgelehrten* zu rechnen, die sich für die Auslegung religiöser Weisungen und profaner Gesetze nicht bezahlen lassen dürfen. Zwar gibt es schon zur Zeit Jesu Schriftgelehrte, die ebenso wie viele Priester und Leviten einem Handwerk zum Broterwerb nachgehen, aber hauptsächlich sind sie auf die Unterstützung durch ihre Glaubensgenossen angewiesen. So wird z. B. von dem in der Mischna meistzitierten Schriftgelehrten Rabbi Jehuda ben El-ai berichtet, daß er nur einen Mantel besitzt, den er und seine Frau abwechselnd zu benutzen gezwungen sind[8]. Manche Schriftgelehrte lassen sich den Zeitverlust erstatten, der ihnen in Ausübung eines Lehr- oder Richteramtes entstanden ist.

e) *Zur sozialen Fürsorge bei den Juden*

Bei der Vielzahl der Bedürftigen empfindet es nicht nur der einzelne Gläubige als Aufgabe, die Armut zu lindern, sondern auch die Gemeinde als ganze muß sich betätigen. Tatsächlich ist die *öffentliche soziale Fürsorge* im jüdischen Volk schon früh geregelt. In den Gemeinden sorgt ein *Kollegium von Almosenpflegern* dafür, daß die Unterstützung sachgemäß und gerecht vonstatten geht. Die Gelder bzw. Naturalien werden wöchentlich von den beitragspflichtigen Gemeindemitgliedern erhoben und dann den bedürftigen Ortsansässigen und Fremden zugewiesen.

Die ortsansässigen Armen erhalten durch ein Dreierkollegium an jedem Sabbatabend so viel Geld, daß sie davon im Laufe der folgenden Woche jeden Tag zwei Mahlzeiten bestreiten können. Damit der „*Armenkorb*", aus dem diese Ausgaben bestritten werden, stets gefüllt ist, verfügen die Almosenerheber bei den unterhaltspflichtigen Mitbürgern sogar über das Pfändungsrecht. Die durchziehenden Bedürftigen bekommen aus der „*Armenschüssel*" eine Naturalverpflegung für den betreffenden Tag. Diese Speisen und Früchte werden von den drei Einsammlern täglich aus den Häusern abgeholt. Für die Bekleidung der Notleidenden sorgt eine eigene Kasse, die neben den Erträgen aus der Armensteuer durch freiwillige Gaben aufgestockt wird.

Die alttestamentliche und *rabbinische Gesetzgebung* suchen ebenfalls das Los der Armen zu lindern: Im Sabbatjahr, also im siebten Jahr einer Jahrwoche, darf das Land weder bearbeitet noch abgeerntet werden (Ex 23, 10f.; Lev 25, 1–7), vielmehr muß die von selbst wachsende Frucht den Armen überlassen werden. Zudem sollen alle Schulden erlassen werden. Doch umgeht man

[8] Babylon. Talmud Nedarim 49 b/50a.

diesen Schuldenerlaß häufig unter Anwendung einer auf Hillel zurückgehenden Klausel. Im 3. und 6. Jahr einer Jahrwoche ist nach Absonderung aller übrigen Abgaben noch einmal ein Zehntel vom Ertrag des Feldes für die Armen abzuzweigen. Außerdem wird in jedem Jahr den Bedürftigen während der Ernte eine Reihe von Rechten eingeräumt: Ihnen steht ein Winkel des Ackers zur Aberntezu, ebenso eine Nachlese auf Feldern und in Weinbergen.

Speziell in Jerusalem kennt man neben den Einrichtungen des Armenkorbes und der Armenschüssel noch eine *Unterstützungskasse für verschämte Arme* aus guter Familie. Hierbei obliegt es den Geldgebern, auf das Ehrgefühl des in Not Geratenen Rücksicht zu nehmen. Überdies soll die Unterstützung dem früheren Lebensstandard des Verarmten entsprechen.

Körperlich versehrten und daher für den eigentlichen Kultdienst untauglichen Priestern wird ein Anteil an den Einkünften der Priester abgetreten. Ebenso übernimmt der Tempel die Geldaufbewahrung für Arme und Waisen und gewährt den Bedürftigen bei den Kultverpflichtungen Erleichterungen. So bringt z. B. Maria, die Mutter Jesu, als Reinigungsopfer statt des vorgeschriebenen einjährigen Lammes zwei Tauben im Tempel dar; sie macht also von der für arme Frauen vorgesehenen Erleichterung Gebrauch[9]. Schließlich bürgert sich noch für die Witwen das Recht ein, nach dem Tod des Mannes in dessen Haus zu verbleiben und sich von seinem Vermögen zu ernähren.

3. Die theokratisch-reinheitsmäßige Gliederung des Volkes

a) Der Hohepriester

Gemäß der theokratischen Verfaßtheit des Judentums zur Zeit Jesu steht an der Spitze des Volkes die Priesterschaft, geführt vom

[9] Vgl. Lev 12,6–8 und Lk 2,24.

priesterlichen Adel. Der *Hohepriester* gilt als das vornehmste Glied seines Volkes. Er amtiert am Tempel zu Jerusalem, dem alten politischen und religiösen Zentrum. Er wird sowohl von den Römern als Vertreter der jüdischen Einwohner respektiert als auch von den Gläubigen in der Diaspora als religiöser Führer des Judentums. Seine Spitzenstellung erwächst ihm aus seinem Amtscharakter, dessen „ewige Heiligkeit" ihn als Bevollmächtigten Gottes erscheinen läßt, der auch für die Gemeinde Sühne leisten kann. Zu seinen *Vorrechten* gehört, daß er als einziger Mensch das Allerheiligste des Tempels betreten darf, und zwar jährlich am Großen Versöhnungstag. Jederzeit darf er an der Opferdarbringung teilnehmen, und bei der Verteilung der verschiedenen rituellen Funktionen an die diensttuenden Priester hat er das Recht der Vorwahl. Eine einflußreiche Aufgabe übt er als Vorsitzer des Synedriums aus.

An *Pflichten* seines Amtes ist vorrangig sein Dienst am Versöhnungstag zu nennen. An diesem Tag muß er, vorbereitet durch peinliche Beachtung spezieller Reinheitsvorschriften und angetan mit dem achtteiligen Prachtornat, sein Amt ausüben. Zu diesem durch Lev 16 pflichtmäßig vorgeschriebenen Dienst hat die Praxis weitere kultische Pflichthandlungen hinzugefügt. Auch nach seiner Absetzung behält der Hohepriester seinen Titel und das damit verbundene öffentliche Ansehen. Selbst durch die willkürlichen Ein- und Absetzungen der herodianisch-römischen Zeit hat das Amt kaum an Bedeutung eingebüßt.

Selbstverständlich gelten für die hohepriesterliche Familie – wie für alle Priester – strenge Vorschriften, um die makellose Abstammung der Nachkommen zu gewährleisten, denn das *Hohepriestertum* ist nach dem Gesetz *erblich.* Von der Einsetzung des Zadok durch Salomo (973 v. Chr.) an bleibt das Amt des Hohenpriesters in dieser Familie, bis 175 v. Chr. der letzte Zadokide, Onias II., durch Antiochus Epiphanes abgesetzt wird. Der rechtmäßige zadokidische Nachfolger Onias III. flieht daraufhin nach Ägypten und gründet in Leontopolis einen Gegentempel. In Jerusalem wechselt nun die Reihe der hohepriesterlichen Familie. Von

152 bis 37 v. Chr. gelingt es dem hasmonäischen Hause, acht Hohepriester zu stellen. Unter Herodes kommen „illegitime“ Familien zum Zuge, einfache priesterliche Familien, aus denen seit 37 v. Chr. jeweils eines oder mehrere Glieder zur Würde des Amtes gelangen. Die einflußreichsten Familien sind die des Boethos, Hannas, Phiabi und des Kamith[10].

b) Die Oberpriester

Wie der Hohepriester, so gehören auch die Oberpriester als Inhaber der höchsten Ämter zur priesterlichen Aristokratie. Einige dieser Ämter pflegt man mit den nächsten Verwandten des Hohenpriesters zu besetzen. Das wichtigste Amt hat der *Tempeloberst* inne, dem die ständige Oberaufsicht über den gesamten Kult und die amtierende Priesterschaft obliegt. Da er die oberste Polizeigewalt im Tempel besitzt, kann er auch Verhaftungen im Tempelbereich verfügen.

Weiterhin haben eine solche gehobene Stellung die *Oberhäupter der 24 Wochenabteilungen* und die *Oberhäupter der 156 Tagesabteilungen,* die jedoch turnusmäßig wechseln, d. h. jede Woche bzw. jeden Tag. Ferner gehören zur Spitze der Hierarchie mindestens sieben *Tempelaufseher.* Zu ihnen ist der Priester zu rechnen, der die Dienstgeschäfte der Tagesabteilungen täglich verlost und den Morgen- und Abendgottesdienst zu leiten hat, außerdem der Brunnenmeister, die vier Oberleviten und der Herold, welcher Priester, Leviten und Volk zum Gottesdienst zusammenruft.

Für die Finanzverwaltung des Tempels sind die drei oder vier *Schatzmeister* verantwortlich. Ihnen steht ein Stab von Beamten zur Seite, um die Einnahmen und Ausgaben des Tempels treuhänderisch zu verwalten.

Die ständig amtierenden Oberpriester haben kraft ihres Amtes Sitz und Stimme im Synedrium.

[10] Vgl. *G. Schrenk,* ἀρχιερεύς, in: ThWNT III (1938) 268.

c) Die Priester

Die Priester bilden im jüdischen Volk eine feste Stammesgemeinschaft, innerhalb deren sich die *Priesterwürde vererbt.* Zur Zeit Jesu ist die Priesterschaft in 24 Stämme gegliedert. Jeder Stamm übernimmt den *Dienst am Tempel* für eine Woche. Diese Wochenabteilungen zerfallen wiederum in 4–9 Priestergeschlechter, die als Tagesabteilungen an verschiedenen Tagen ihrer Dienstwochen amtieren; insgesamt gibt es in den 24 Wochenabteilungen 156 Tagesabteilungen.

In Intervallen von 24 Wochen – und an den drei Wallfahrtsfesten – zieht jeweils eine Wochenabteilung von rund 300 Priestern und 400 Leviten geschlossen hinauf nach Jerusalem, um den Dienst zu übernehmen. Während der übrigen Zeit des Jahres, die nicht durch kultische Funktionen belegt ist, üben die Priester und Leviten einen gelernten Beruf aus.

Priester und Leviten besitzen ihr Amt durch Vererbung. Daher legen die priesterlichen Familien selbst größten Wert darauf, durch sorgfältige *Aufzeichnung der Stammbäume* und strenge Vorschriften für die Eheschließung die Reinheit der Abstammung zu sichern. Die Stammbäume der Priester werden im Jerualemer Tempel eigens geführt. Denn ein Priester oder Levit kann sich nur dann auf eine legitime Abstammung berufen, wenn er aus der ehelichen Verbindung eines Priesters oder Leviten mit einer ebenbürtigen Frau entstammt. Durch die rabbinische Auslegung von Lev 21,7 sind alle Israelitinnen nicht-reiner Abstammung von der Priesterehe ausgeschlossen. Heiratet der Priester eine ihm gesetzlich verbotene Frau, so erklärt man die Ehe für illegitim und spricht den Kindern das Priesterrecht ab. Meist nimmt der Priester eine Priestertochter zur Frau. Der illegitime Priestersohn aber und seine männlichen Nachkommen dürfen weder amtieren noch eine Priestertochter heiraten. Die Tochter eines illegitimen Priesters darf wiederum keine Ehe mit einem legitimen Priester eingehen.

Die *Amtseinführung* des Priestersohnes erfolgt mit 20 Jahren; ihr geht eine Prüfung seiner körperlichen Tauglichkeit und seiner legitimen Abstammung voraus. Nach positivem Befund wird er durch ein Reinigungsbad und die Bekleidung mit den priesterlichen Gewändern unter Opferhandlungen in sein Amt eingeführt.

d) Die Leviten

Die *Leviten,* die ebenfalls auf eine reine Abstammung achten, nehmen einen minderen Rang ein als die Priester, denn ihnen ist wie allen nichtpriesterlichen Juden das Betreten des Tempelgebäudes und das Hintreten zum Altar verboten. Sie sind vielmehr als *Sänger* und *Musikanten* verantwortlich für die Tempelmusik und als *Tempeldiener* für Dienstobliegenheiten niederer Art, einschließlich der Tempelpolizei. Zwischen der Gruppe der Musikanten und der Gruppe der Diener besteht eine Kluft. Zur Zeit Jesu schätzt man die Zahl der Leviten auf rund 10000, die sich ebenso wie die Priester in 24 Abteilungen gliedern, die wöchentlich ihren Dienst am Tempel versehen.

e) Der Laienadel

In der jüdischen Theokratie der ersten nachchristlichen Jahrzehnte gibt es neben der priesterlichen Aristokratie *laikale Adelsfamilien,* die im Synedrium vertreten sind durch die Gruppe der sogenannten „Ältesten". Darunter werden wir zu verstehen haben die Chefs der einflußreichsten Laiengeschlechter und die Oberhäupter Jerusalemer Patrizierfamilien, jedenfalls vermögende Männer. Wenn auch deren Bedeutung wesentlich geringer ist als die der priesterlichen Aristokratie, so spielen sie doch gerade durch den Zusammenschluß mit dem Priesteradel eine einflußreiche Rolle im Volk.

f) Die Schriftgelehrten

Bestimmt bei priesterlichen und laikalen Adelsfamilien einzig die Herkunft das Ansehen, so beruht die Macht der *Schriftgelehrten* allein auf ihrem Wissen, das sie durch ein jahrelanges Studium erworben haben. Die neue Führungsschicht der Gelehrten hat sich erst in den letzten Jahrhunderten vor Christus gebildet. Der Schüler muß sich einem Lehrer anschließen, bei dem er in persönlichem Gespräch sich die Überlieferung und eine bestimmte Auslegungsmethode aneignet. Ist er fähig, in *Fragen der religiösen Weisung und des Strafgesetzes* eigenständige Entscheidungen zu treffen, dann wird er ein „weiser" Schüler. Erst wenn er 40 Jahre alt ist, kann er ein vollberechtigter, ordinierter Gelehrter werden. Ihm stehen führende Stellungen in der Rechtsprechung, in der Verwaltung und im Bildungswesen offen. Schriftgelehrte bilden die dritte Gruppe im Synedrium.

Wegen ihrer Kenntnis der exegetisch-juristischen Geheimlehren[11] und der sogenannten esoterischen und halachischen Überlieferung[12], auch wegen der Beherrschung der nicht mehr allgemein verbreiteten hebräischen Sprache nehmen die Schriftgelehrten einen hervorragenden Rang ein. Das Volk begegnet ihnen mit Hochachtung und ehrfurchtsvoller Scheu; ihre Entscheidungen sind absolut und bindend.

g) Die Vollisraeliten

Zusammen mit den Priestern und Leviten bilden die *Israeliten reiner Abstammung* das wahre Israel. Daher führen auch die Laiengeschlechter sorgsam ihren Stammbaum, denn jeder Jude muß wenigstens die letzten Generationen seiner Vorfahren kennen. In neutestamentlicher Zeit leiten sich die meisten Volksgenossen von

[11] Dazu gehört z.B. die Geheimhaltung der Gründe, warum Gott die einzelnen Gesetzesforderungen gestellt hat, und das Sprechen über moralisch anstößige Dinge nur vor einem kleinen Zuhörerkreis.

[12] Unter der esoterischen Überlieferung sind Betrachtungen über die tiefsten Geheimnisse Gottes zu verstehen (Gottesname, Wagenerscheinung in Ez 1, vorweltliche Ewigkeit usw.). Die Gesetzesauslegung (= Halacha) darf ursprünglich nicht niedergeschrieben, sondern nur mündlich vom Lehrer an den Schüler weitergegeben werden.

den Stämmen Juda und Benjamin her, die zusammen mit den Priestern und Leviten den Kern des Judentums ausmachen. *Wichtige bürgerliche Rechte* können nur wahrgenommen werden, wenn die legitime Abstammung nachgewiesen ist. Zu diesen Rechten der Vollisraeliten gehört zunächst, daß sie ihre Töchter an Priester verheiraten dürfen. Weiterhin sind ihnen die öffentlichen Ehrenämter reserviert, d. h., sie können Mitglieder des Synedriums werden oder eines der 23köpfigen Kriminalgerichtshöfe. Ebenso können sie in den Ortsvorstand jüdischer Gemeinden aufgenommen werden und das Amt des Almosenpflegers wahrnehmen.

Das wesentlichste Recht des Vollisraeliten liegt *auf religiösem Gebiet:* Als Glied Israels hat er Anteil am Verdienst der Erzväter. Darüber hinaus kommt ihm das Verdienst und die Fürsprache seiner gerechten Ahnen zugute. Von der Reinheit der Abstammung hängt die Teilnahme am zukünftigen Heil Israels ab. Auch das messianische Heil wird ihm aufgrund seiner legitimen Abstammung zuteil werden.

h) Die Israeliten mit leichtem Abstammungsmakel

Leichten Makel in der Abstammung weisen die *illegitimen Priesternachkommen,* die *Proselyten* und die *freigelassenen, ehemals heidnischen Sklaven* auf. Diesen drei Gruppen sind folgende Beschränkungen auferlegt: Die Verschwägerung mit Priesterfamilien ist ihnen versagt, jedoch eine Ehe mit Leviten und Israeliten reiner Abstammung wird als legitim anerkannt. Manche Ehrenämter und der Sitz in bestimmten Behörden oder Richterkollegien sind ihnen verwehrt.

Die *Vollproselyten,* die von den sog. *Gottesfürchtigen* oder *Halbproselyten*[13] zu unterscheiden sind, sind zum Judentum übergetretene gebürtige Heiden; sie haben die Beschneidung und

[13] Sie treten nicht direkt zum Judentum über, bekehren sich aber zu dem einen Gott, halten im allgemeinen das Sabbatgebot und die jüdischen Speisegesetze und zahlen die Tempelsteuer. Vgl. *F. Siegert,* Gottesfürchtige und Sympathisanten, in: JSJ 4 (1973) 109–164.

das Tauchbad auf sich genommen und ein Opfer vollzogen. Die Proselyten des jüdischen Kernlandes stammen meist aus den Gebieten, die an die jüdischen Siedlungen angrenzen.

Einige wesentliche Bestimmungen des älteren *Proselytenrechtes* seien hier aufgeführt:

Wie oben erwähnt, dürfen Proselyten und Proselytinnen sich mit allen Vollisraeliten bzw. Israelitinnen verheiraten, mit Ausnahme der Priester. Ein Proselyt kann seinen Vater nur in solchen Dingen beerben, die nicht in irgendeinem Bezug zum Götzendienst gestanden haben. Vor dem Übertritt zum Judentum gezeugte Kinder von Proselyten haben keinen Anspruch auf den Nachlaß des verstorbenen Vaters, selbst dann nicht, wenn sie mit dem Vater übergetreten sind. Infolgedessen war der Nachlaß eines Proselyten, der keine nach seinem Übertritt gezeugten Kinder hinterläßt, herrenlos. Auch in der Übernahme öffentlicher Ämter sind ihm Beschränkungen auferlegt. Bezüglich des Armenrechtes allerdings sind die Proselyten den Vollisraeliten völlig gleichgestellt. In religiöser Hinsicht gilt: Dem Proselyten kommt kein Anteil am Verdienst der Erzväter zu, er ist auf seine eigenen Verdienste angewiesen. Sehr wahrscheinlich spielen aber diese rechtlichen Beschränkungen im praktischen Leben keine allzu große Rolle.

i) Die Israeliten mit schwerem Makel

Den niedrigsten Rang bezüglich einer reinen Abstammung nehmen *Bastarde, Vaterlose, Findlinge* und *Kastraten* ein. Ihnen allen ist jegliche Heirat nicht nur mit Priestern, sondern auch mit Leviten, Israeliten legitimer Abstammung und mit Priesternachkommen verboten.

(1) Die Bastarde

In Jerusalem werden zur Zeit Jesu alle im Ehebruch gezeugten Kinder für *Bastarde* erklärt. Da dieser Makel unauslöschlich allen männlichen Nachkommen anhaftet, ist diese Bevölkerungsgruppe nicht allzu klein. Selbstverständlich verwehrt man ihnen den Zutritt zu öffentlichen Ehrenämtern und gestattet ihnen als Ehepartner nur Proselyten, freigelassene Sklaven und Israeliten schweren Makels.

(2) Vaterlose, Findlinge, Kastraten

Um auch nur die Möglichkeit einer illegitimen Verbindung auszuschließen, dürfen Menschen, deren Vater unbekannt ist („Vaterlose“) und Findlinge keine Priesterkinder heiraten. Den Kastraten[14] ist es verboten, eine Ehe mit legitimen Israelitinnen einzugehen. Im Synedrium können sie nicht Sitz und Stimme erhalten.

k) Die Sklaven

(1) Sklaven jüdischer Abstammung

In neutestamentlicher Zeit gibt es sicher *Sklaven jüdischer Abstammung;* ihre Zahl ist freilich nicht sehr groß, und ihre Dienstzeit beträgt nur sechs Jahre. Der *Übergang ins Sklavenverhältnis* kann auf dreifache Weise erfolgen: 1. Ein Dieb kann den Wert des Gestohlenen nicht ersetzen, er wird daher vom Gerichtshof zwangsweise verkauft[15]. 2. Ein hoffnungslos Verschuldeter verkauft sich selbst. 3. Der Vater verkauft seine minderjährige Tochter, die allerdings mit zwölf Jahren frei wird; in praxi bedeutet der Verkauf meist die Bestimmung zur späteren Ehe mit dem Käufer oder dessen Sohn. Das Sklavenverhältnis kann vor Ablauf der sechs Jahre aufgehoben werden durch Freilassung oder durch Loskauf, wobei der Sklave sich selbst loskauft oder durch einen anderen loskaufen läßt.

Der hebräische Sklave wird höher als ein Lohnarbeiter angesehen; er hat Anrecht auf gleich gute Nahrung, Kleidung und

[14] Nach dem rabbinischen Gesetz ist die Kastrierung von Mensch oder Vieh Übertretung des Gottesgebotes. Flavius Josephus berichtet aber von Herodes, daß dieser drei Eunuchen als Hofbeamte um sich hatte (Bell. Jud. I,24,7).
[15] Vgl. Mt 18,25.

Schlafstätte wie sein Herr. Er kann durch Fund oder Schenkung Eigentum erwerben, und wenn er verheiratet ist, muß sein Herr auch für den Unterhalt von Frau und Kind aufkommen.

(2) Sklaven heidnischer Abstammung

Die meisten Sklaven in den vornehmen jüdischen Häusern sind *heidnischer Abkunft.* So ist z.B. der in Joh 18,10 erwähnte Malchus wahrscheinlich ein Nabatäer. Diese heidnischen Sklaven werden durch Zahlung einer vereinbarten Summe, durch Ausfertigung eines Kaufbriefes und die tatsächliche Besitzergreifung erworben. Sie werden rechtlich als *totales Eigentum ihres Herrn* betrachtet, sie dürfen selbst keinen Besitz erwerben. Beim Kauf müssen sie darin einwilligen, daß an ihnen die Beschneidung und das Tauchbad vollzogen werden. Sie werden dadurch in die jüdische Familie aufgenommen und zum Tisch- und Achtzehngebet, zur Anbringung der Türpfostenkapsel, zur Sabbatruhe und zur Teilnahme am Pascha verpflichtet. Im übrigen ist ihre Lage kaum nennenswert besser als die der Sklaven in heidnischen Häusern, sie bleiben rechtlos, dürfen nicht als Zeugen auftreten und keine Ehen mit Jüdinnen eingehen. Eine Freilassung ist möglich, wenn auch nicht oft bezeugt. Der Akt der Freilassung schließt mit einem Tauchbad, wodurch der Freigelassene als Vollproselyt gilt.

B. Familie und Ehe

Literatur: *J. Bonsirven,* Palestinian Judaism in the Time of Christ II (New York 1964). *W. Kornfeld – H. Cazelles,* Mariage, in: DBS V (1957) 905–935. *R. Loewe,* The Position of Women in Judaism (London 1966). *W. Plautz,* Die Form der Eheschließung im Alten Testament, in: Zeitschr. für die atl. Wissenschaft 76 (1964) 298–318. *A. Ranasinghe,* The Betrothal and Marriage Customs of the Hebrews during the Time of Christ, in: Folklore London 81 (1970) 48–62.

1. Der Familienvater

Die *patriarchalische Ordnung* der Familie gilt in neutestamentlicher Zeit noch in vollem Maße. Der Vater ist Haupt und Mittelpunkt der Familie; er ist die Autorität, der Frau und Kinder Achtung und Gehorsam schulden. Aus dieser Stellung ergeben sich für ihn folgende Pflichten: Als Ernährer und Beschützer aller seiner Familienmitglieder muß er für ihr Wohlergehen, für Essen, Kleidung und Wohnung sorgen. Als Erzieher hat er die Söhne von früher Kindheit an im Gesetz zu unterweisen und sie ein Handwerk lernen zu lassen. Die Töchter muß er so behüten, daß sie ohne Schande verheiratet werden können.

2. Die Stellung der Frau

Die Frau spielt in der Familie und in der Öffentlichkeit eine *untergeordnete Rolle.* Sie hat dem Mann ganz zu Diensten zu sein. Sie muß ihm den Haushalt führen und ihn sogar waschen. Ihre Hauptaufgabe besteht darin, ihrem Mann möglichst viele Kinder zu gebären und aufzuziehen, wobei Söhne erwünschter sind als Töchter. Was die Frau findet, gehört ihrem Mann, macht sie ein Gelübde, kann der Mann es annullieren, und wenn Gäste im Hause sind, darf sie nicht am Mahl teilnehmen. Unter Umständen muß sie sogar Nebenfrauen dulden.

Die Würde der jüdischen Frau liegt vornehmlich in der *Achtung,* die ihr von den Kindern entgegengebracht wird, und in bestimmten ihr zustehenden *Rechten:* Sie behält das Eigentumsrecht über ihre Mitgift [16] und den Anspruch auf die sogenannte Hochzeitsverschreibung, d. h. die im Ehevertrag festgesetzte Summe, die ihr beim Tod ihres Mannes oder im Falle der Scheidung auszuzahlen ist. Bei Glaubenswechsel, Impotenz und ande-

[16] Das Verfügungsrecht über die Mitgift steht allerdings dem Mann für die Dauer der Ehe zu.

ren schweren physischen Leiden des Mannes kann die Frau eine gerichtliche Scheidung verlangen.

In der *Öffentlichkeit* begegnet man der Frau mit *Zurückhaltung.* Es gilt als unehrbar, eine verheiratete Frau zu betrachten oder mit ihr auf der Straße zu sprechen. In der Stadt dürfen sich die Frauen nur verschleiert zeigen. Im Tempel ist ihnen nur der Zutritt zum Frauenvorhof gestattet, und ein bestimmter Teil der Synagoge, zuweilen nur die Empore, ist für sie vorgesehen. Am Gottesdienst selbst dürfen sie nicht aktiv, sondern nur zuhörend teilnehmen. Damit ein Synagogengottesdienst stattfinden kann, müssen wenigstens zehn Personen anwesend sein, dabei werden die Frauen nicht mitgezählt. In der Tora werden sie nicht unterwiesen, und alle Gebote, die einen Zeitfaktor einschließen, sind für sie nicht verpflichtend. Deshalb brauchen sie z.B. nicht das tägliche Schema-Bekenntnis zu rezitieren und auch nicht an den jährlichen Wallfahrten teilzunehmen. Sie sind aber gehalten, alle Verbote einschließlich der damit verbundenen Sanktionen zu beachten. Vor Gericht dürfen sie nicht allgemein als Zeugen auftreten. In den Tagen der Menstruation und nach der Geburt – 40 Tage bei Jungen und 80 Tage bei Mädchen – gelten sie als gesetzlich unrein. Die Mädchen sind erbrechtlich den Jungen gegenüber benachteiligt, und auch die Witwe ist ziemlich schutz- und rechtlos und oft auf die Unterstützung durch ihren Erstgeborenen angewiesen, dem der größte Teil am väterlichen Erbe zufällt.

3. Dic Ehe

Die Kinder haben die Pflicht, Vater und Mutter zu ehren. Sie sollen aber auch selbst sich recht jung verheiraten und wieder Kindern das Leben schenken. Das *Verlobungsalter* ist niedrig, im Durchschnitt kommt für den jungen Mann das vollendete 18., für das Mädchen das vollendete 12. Lebensjahr in Frage. Die Werbung geschieht meist durch den Vater der Braut. Freilich verbleiben den jungen Leuten auch eigene Initiativen; sie können nicht verlobt werden, ohne sich persönlich zu kennen und ihre Zustimmung zu geben. Die Verwandtenehe – besonders zwischen Onkel und Nichte – ist relativ weit verbreitet.

Der eigentlichen Verlobung, die nicht als bloßes Versprechen künftiger Ehe, sondern als „Willenseinigung über den sofortigen Beginn der Ehe"[17] gilt, gehen die Zahlung eines Brautgeldes an den Vater der Braut[18] und der Abschluß des *Ehevertrages* voraus. In ihm wird die Mitgift, d. h. der Beitrag von seiten der Brauteltern, festgelegt. Sie kann aus Geld, Kleidung und Haushaltsgegenständen bestehen. Der Bräutigam aber verpflichtet sich zur Hochzeitsverschreibung. Durch die Formel „Sei meine Frau gemäß dem Gesetz des Mose und der Juden" erhält dieser Kontrakt zudem einen religiösen Charakter. Als spezielle Verlobungsgeschenke werden ein verzierter Gürtel für die Braut und ein Gebetsmantel für den Bräutigam ausgetauscht. Mit der Verlobung ist die Eheschließung bereits rechtsgültig. Die Braut wird als „Ehefrau" bezeichnet, und wenn der Bräutigam vor der Hochzeit stirbt, gilt sie als Witwe. Untreue während der Verlobungszeit ist Ehebruch, und die Auflösung der Verlobung ist nur durch einen Scheidebrief möglich.

Gewöhnlich wird nach einem Jahr die *Hochzeit* gefeiert, d.h. die feierliche Heimführung der Braut in das Haus des Bräutigams, das große Festmahl und der Vollzug der Ehe im Brautgemach. In weiten Kreisen wird die *monogame* Ehe einer dauernden Lebensgemeinschaft als das höhere Ideal angesehen, und trotz der grundsätzlichen *Möglichkeiten zur Polygamie* wird diese von den meisten Juden nicht praktiziert. Hier mögen auch finanzielle Erwägungen mitspielen.

Eine andere Frage ist die der *Ehescheidung*. Das jüdische Scheidungsrecht wird von manchen als ein Privileg Israels be-

[17] *J. Neubauer*, Beiträge zur Geschichte des bibl.-talmudischen Eheschließungsrechts, in: Mitteilungen der Vorderasiatischen Gesellschaft 25 (1920) 188.
[18] Das sind in der Regel 100 Drachmen.

trachtet. Es betrifft den Mann, der seiner Frau den *Scheidebrief* aushändigen kann. In diesem Schriftstück entläßt der Mann seine Frau mit der Formel: „Du bist frei für jeden Menschen." Zwei Zeugen machen das Dokument durch ihre Unterschrift rechtskräftig. Als zwei gewichtige *Scheidungsgründe* gelten: zehnjährige Kinderlosigkeit und „etwas Schändliches". Über diesen letzteren Ausdruck wird unter den Gelehrtenschulen gestritten. Während die strengere Schule Schammais darunter nur die eheliche Untreue versteht, erkennt die gemäßigtere Richtung der Anhänger Hillels auch einfache Gründe wie das Versalzen der Suppe oder Schweißgeruch an. Verwehrt ist dieses Scheidungsrecht demjenigen, der seine Frau fälschlich des vorehelichen Geschlechtsverkehrs beschuldigt oder sie vor der Verlobung vergewaltigt hat.

Jesu Betonung der gottgewollten unauflöslichen Einehe als persongebundener Lebensgemeinschaft stellt insofern etwas Neues dar, als er Absolutheitsanspruch erhebt auf das ursprüngliche Eheideal und die praktisch von den meisten seiner Zeitgenossen geübte Ehe[19].

[19] Vgl. Mt 19,3–9; Mk 10,1–12.

§ 13. Die gesellschaftliche Lage im römischen Weltreich

Literatur: *J. Carcopino,* Rom: Leben und Kultur in der Kaiserzeit (Stuttgart 1977). *B. Förtsch,* Die politische Rolle der Frau in der römischen Republik (Stuttgart 1935). *J. Gaudemet,* Le statut de la femme dans l'empire romain, in: La Femme, Recueils de la société Jean Bodin XI (Bruxelles 1959) 191–222. *P. Grimal,* La femme à Rome et dans la civilisation romaine, in: Histoire mondiale de la femme (Paris 1965) 377–485. *U. Kahrstedt,* Kulturgeschichte der römischen Kaiserzeit (Bern ²1958).

1. Die Familie

a) Ehegesetze und -form

Gegen Ende der Republik hat sich in Rom allmählich eine gewisse Ehe- und Kinderscheu eingebürgert[1], so daß sich Kaiser *Augustus* gezwungen sieht, einem raschen Bevölkerungsrückgang durch *Gesetze* entgegenzutreten. Diese Gesetze fordern, daß Männer zwischen 25 und 60, Frauen zwischen 20 und 50 Jahren verheiratet sind; auch Witwer und Witwen sollen nach einem Trauerjahr wieder heiraten. Bei drei und mehr Kindern wird der Vater bei Amtsbewerbungen bevorzugt, und die Mutter genießt öffentliche Ehrenrechte. Ehelose und kinderlose Eheleute sind in der Erbfähigkeit beschränkt[2]. Dieser kaiserliche Eingriff in die sittliche Privatsphäre ändert freilich das Übel kaum; im Gegenteil, man schließt Scheinehen und gibt sich weiter ungezwungen der freien

[1] Vgl. *R. Heinze,* Die augusteische Kultur (Darmstadt 1960) (Neudruck) 33.
[2] Vgl. *K. Hönn,* Augustus (Wien ⁴1953) 186f.

Liebe hin. Man verhindert den Kinderreichtum durch die nicht verbotene Aussetzung oder durch die Abtreibung der Leibesfrucht.

Man muß also bei Betrachtung der römischen Familie primär die typische *Kleinfamilie* im Auge haben. Die alte feierliche Form der Eheschließung oder auch die Kaufehe sind grundlegend abgeschafft. Seit der kaiserlichen Zeit ist die sogenannte *Konsens- oder freie Ehe* die gebräuchliche Form. Bei ihr bleibt die Frau während der Ehe unter dem Schutz ihres Vaters bzw. ihrer eigenen Verwandten. Sie behält auch ihr eigenes Vermögen und das Recht, jederzeit das gemeinsame eheliche Leben zu unterbrechen.

Gesetzlich ist *nur die Monogamie zulässig*. Das vorgeschriebene Heiratsalter liegt für die Mädchen beim 12., für die Jungen beim 14. Lebensjahr. Tatsächlich aber wartet der junge Mann mit der Heirat bis zur Anlegung der toga virilis, die meist nach dem vollendeten 16. Lebensjahr vorgenommen wird. Neben dem Heiratsalter sind zur gültigen Eheschließung das *Bürgerrecht* und die *Zustimmung der Väter* erforderlich. Auch soll darauf geachtet werden, daß man *nicht* durch *allzu nahe Verwandtschaft* verbunden ist und innerhalb der *gleichen Gesellschaftsklasse* heiratet. Mit der freien Eheform hängt die freizügige Moral zusammen. Ehebruch, Dirnenwesen und Päderastie gehören zur Tagesordnung, und es kommt öfter vor, daß sich die Männer mit ihren Mätressen in der Öffentlichkeit zeigen.

b) Die Stellung der Frau

Die Emanzipation der Frau macht seit Beginn der Kaiserzeit immer weitere Fortschritte. Man kann sagen, daß die Frau in der Gesellschaft eine würdige und freie Stellung innehat. Sie erhält mit Eintritt in die Ehe weitreichende *Selbständigkeit*. Sie leitet das Hauswesen und die Erziehung der Kinder; sie beaufsichtigt die Sklaven und teilt ihnen die Arbeit zu. Sie wird als domina begrüßt, empfängt die Gäste und nimmt an den Mahlzeiten teil. Ihr Geburtstag wird besonders gefeiert, und bei allen wichtigen Entscheidungen wird sie um Rat gefragt. Sie tritt mit ihrem Mann in der *Öffentlichkeit* auf und besucht mit ihm Schauspiele, Gladiatorenkämpfe und Bäder. Sie nimmt auch an Gerichtsverhandlungen und Gottesdiensten teil und opfert einmal im Jahre der Vesta. Nach ihrem Tod erhält sie wie der Mann ein feierliches Begräbnis mit öffentlicher Lobrede.

Die *Gleichberechtigung* der Frau zeigt sich vornehmlich darin, daß sie von sich aus die Auflösung der Ehe bewirken kann. Die *Scheidung* geschieht durch einfache Absage, der die räumliche Trennung folgt. Als Scheidungsgründe werden hauptsächlich angeführt: Kinderlosigkeit, Aufrücken in eine höhere Gesellschaftsklasse und Untreue. In Wirklichkeit aber ist die Scheidung der Willkür überlassen, da zu ihrer Motivierung auch das bloße Verlangen nach einer neuen Ehe genügt. Die Kinder der Geschiedenen können sowohl dem Vater als auch der Mutter anvertraut werden, allerdings kann die Frau keine Vormundschaft ausüben. Die Mitgift gehört der Geschiedenen, im Falle ihrer Wiederverheiratung geht sie auf die Kinder über.

c) Kindererziehung

Die Erziehung der Kinder geschieht *nach griechischem Vorbild,* jedoch mit weitgehender Gleichberechtigung von Jungen und Mädchen. Im gemeinsamen Wohnraum, dem Atrium, werden die Kinder von Jugend auf mit dem politischen Geschehen vertraut gemacht. Die Aufgabe der Erziehung besteht nun darin, den einmal erwachten politischen Sinn zu stärken und in richtige Wege zu leiten. Aber auch im Lesen, Schreiben, Rechnen, in griechischer und lateinischer Literatur und Musik werden die Kinder unterwiesen. Besondere Bedeutung wird der Rhetorik zugemessen. Für die Jungen kommt zudem eine gute sportliche Ertüchtigung, für die Mädchen ein Unterricht im Tanzen in Frage. Der gesamte Unterricht wird entweder im Hause oder in privaten und öffentlichen Schulen durch Sklaven und Freigelassene erteilt. Vornehme Familien vertrauen ihre Kinder griechischen Sklaven oder Sklavinnen (Pädagogen) an, deren Aufgabe es ist, sich um das anständige Benehmen der Kinder zu kümmern und sie in griechischer Sprache zu unterhalten. Zu den besonderen Pflichten der Mädchen zählen Strick- und Webearbeiten und die Darbringung des täglichen Opfers an die Hauslaren.

d) Zur griechischen Familie

In Griechenland sind die *Ehegesetze nicht wesentlich verschieden.* Die Monogamie steht zwar im Vordergrund, die Polygamie ist aber nicht verboten. Die Frau ist mehr auf die Tätigkeit im Hause und die Frauengemächer beschränkt; sie hat keinen Anspruch auf Bildung und nimmt deswegen auch nicht an Gesellschaften teil. Für die Unterhaltung der Männergesellschaften sorgen vielmehr die *Hetären,* das sind Mädchen, die eine Spezialausbildung im erotisch gefärbten, geistreichen Dialog erfahren haben. Durch die Einrichtung der *Tempelprostitution* wird der außereheliche Geschlechtsverkehr mit dem Schein des Religiösen umgeben. Die weitverbreitete Päderastie wird gern philosophisch begründet mit dem Eros, der sich dem von Natur aus stärkeren und geistbegabteren Männlichen zuwendet.

2. Das Sklavenwesen

Das Sklavenwesen ist im ganzen römischen Weltreich verbreitet, und es fällt schwer, Unterschiede – etwa im Erwerb oder in der Behandlung der Sklaven – in Griechenland, Kleinasien oder Italien festzustellen. Auf jeden Fall ist die Zahl der Sklaven sehr hoch anzusetzen, wobei die der männlichen Sklaven die der weiblichen ungefähr um das Vierfache übertrifft. Wer etwas gelten will, muß mindestens über ein Dutzend Sklaven verfügen.

Der übliche *Weg in die Sklaverei* führt über die Kriegsgefangenschaft. Nach griechischem Recht gilt jeder Kriegsgefangene als Eigentum des Siegers; er kann allerdings durch Zahlung eines beträchtlichen Lösegeldes freigelassen werden. Die Kriegsgefangenen der römischen Armee bleiben im Besitz des Staates oder können an private Besitzer verkauft werden; das Geld fließt dann in die Staatskasse. Ein weiterer Teil der Sklaven stammt aus dem Piratenunwesen zur See, aus Überfällen auf Küsten oder wenig besiedelte Gebiete oder aus Straßenraub. Diese Gefangenen werden auf den Sklavenmärkten der großen Städte feilgeboten. Daneben gibt es auch ausgesprochene Sklavenhändler, die ihre Sklaven öffentlich zur Schau stellen und versteigern. Dabei sind sie gesetzlich verpflichtet, den Käufer auf Fehler und Krankheiten der Sklaven hinzuweisen. Bei Täuschung müssen sie den Sklaven innerhalb von sechs Monaten wieder zurücknehmen oder einen bedeutenden Prozentsatz des Verkaufspreises zurückerstatten. In den römischen Provinzen kann Sklave auch jemand dadurch werden, daß er, von seinem Gläubiger bedrängt, aufgrund des damals geltenden Schuldrechts seine Frau und Kinder und zuletzt sich selbst als Sklaven verkauft. Als besonders gute Sklaven werden diejenigen angesehen, die im Hause des Herrn geboren und mit dessen Kindern herangewachsen sind. Das Kind jeder Sklavin nämlich – ganz gleich wer sein Vater ist – ist wieder Sklave. Auch durch ausgesetzte Kinder wächst die Zahl der Sklaven.

Die Sklaven des Staates oder der Gemeinden werden vornehmlich auf der Flotte, in Bergwerken oder Magazinen *beschäftigt.* Die Privatsklaven arbeiten zu Hunderten auf den Latifundien, den Umschlagplätzen des Handels und in den industriellen Betrieben. Auch für die Verwaltung des Hauswesens, für den Küchen- und Tischdienst, zur Unterhaltung und zum Tragen der Sänfte werden die Sklaven gebraucht. Gebildete Sklaven oder Freigelassene sind auch als Hauslehrer und Erzieher der Kinder eingesetzt.

Die *Behandlung* der Sklaven hängt in vielen Dingen von der Willkür ihres Herrn ab. Er kann sie wenig oder viel beschäftigen, kann sie verkaufen oder freilassen, bestrafen oder belohnen. Sklavin oder Sklave müssen dem Herrn oder der Herrin zu Willen sein. Einige Grenzen sind allerdings durch das römische Recht gesetzt: Gröbste Quälereien sind untersagt. Die Verurteilung zum Tierkampf muß durch einen Richter geschehen. Für den mißhandelten Sklaven gibt es eine Beschwerdestelle, die veranlassen kann, daß er an einen anderen Herrn verkauft wird. Die Kastration von Sklaven ist verboten. Auf der anderen Seite duldet man – obwohl Sklaven keine Ehe eingehen dürfen – stillschweigend die eheähnliche Verbindung der Sklaven untereinander[3]. Auch gibt man dem arbeitsamen Sklaven die Möglichkeit, sich ein kleines Vermögen zu erwerben und sich damit freizukaufen. Gut aussehende, begabte und geschäftstüchtige Sklaven wissen sich zuweilen unentbehrlich zu machen. Sie benutzen ihr intimes Verhältnis zum Besitzer und ihre geistige Überlegenheit dazu, manche Vorteile für sich und andere zu erlangen.

Die *Freilassung* des Sklaven geschieht durch einen Gnadenakt des Besitzers. Sie ist meist eine Belohnung für treue Dienste oder die Aufdeckung eines Verbrechens. Es gibt auch die Freilassung durch Loskauf. Hierbei wird das Lösegeld in einem Göttertempel hinterlegt und durch Priester dem Herrn übergeben, der seinerseits eine Freilassungsurkunde ausstellt[4]. Der Sklave kann auch versuchen, durch die Flucht die Freiheit zu gewinnen; ein Zeugnis dafür ist der Brief an Philemon. Wenn er aber aufgegriffen wird, erwartet ihn strenge Bestrafung. Der Freigelassene bleibt oft gegen Bezahlung im Dienst seines früheren Herrn. Falls dieser das römische Bürgerrecht besitzt, wird der ehemalige Sklave römischer Bürger mit Einschränkungen, seine Kinder aber römische Vollbürger. Manche Freigelassene können so zu Reichtum und angesehener Position gelangen[5].

[3] Vgl. *E. Pólay*, Die Sklavenehe im antiken Rom, in: Altertum 15 (1969) 86.
[4] Im Apollotempel zu Delphi hat man solche Urkunden gefunden.
[5] Vgl. den Prokurator Felix (52–60).

§ 14. Tempelkult und Synagoge

Literatur: *S. Ben-Chorin,* Betendes Judentum. Die Liturgie der Synagoge (Tübingen 1980). *P. Billerbeck,* Ein Synagogengottesdienst in Jesu Tagen, in: ZNW 55 (1964) 143–161. *Ders.,* Ein Tempelgottesdienst in Jesu Tagen, in: ZNW 55 (1964) 1–17. *I. Elbogen,* Die Feier der drei Wallfahrtsfeste im zweiten Tempel, in: *K. Wilhelm* (Hrsg.), Wissenschaft des Judentums im deutschen Sprachbereich I (Tübingen 1967) 177–192. *Ders.,* Der jüdische Gottesdienst in seiner geschichtlichen Entwicklung (Hildesheim 1967; Nachdruck von Frankfurt [3]1931). *G. Gutmann,* The Origin of the Synagogue. The Current State of Research, in: Archäologischer Anzeiger 87 (1972) 36–40. *M. Hengel,* Proseuche und Synagoge. Jüdische Gemeinde, Gotteshaus und Gottesdienst in der Diaspora und in Palästina, in: *G. Jeremias – H. W. Kuhn – H. Stegemann* (Hrsg.), Tradition und Glaube (Göttingen 1971) 157–184. *K. Hruby,* La place des lectures bibliques et de la prédication dans la liturgie synagogale ancienne, in: Lex Orandi 48 (1970) 23–64. *Ders.,* Die Synagoge. Geschichtliche Entwicklung einer Institution (Zürich 1971). *H. J. Kraus,* Gottesdienst im alten und im neuen Bund, in: EvTh 25 (1965) 171–206. *R. Le Déaut,* Liturgie juive et Nouveau Testament (Rome 1965). *J. J. Petuchowski,* Zur Geschichte der jüdischen Liturgie, in: Quaestiones disputatae 86 (1979) 13–32. *C. Thoma,* Biblisches Erbe im Gottesdienst der Synagoge, in: Quaestiones disputatae 86 (1979) 47–65.

1. Der Tempelkult

Jerusalem ist als *Stadt des Tempels* der religiös-geistige Mittelpunkt aller Juden. Hierhin wallfahrtet man an den großen Festen, und es ist sehnlicher Wunsch aller Diasporajuden, wenigstens einmal in ihrem Leben die Herrlichkeit des Tempels zu schauen.

Der eigentliche Tempelbezirk ist von dem äußeren *Vorhof* umgeben, der auch von Heiden betreten werden darf. Hier kann man

Opfertiere kaufen und fremdes Geld in die seit alters geltende Tempelwährung umtauschen. Der innere Vorhof, in dem alle Kultushandlungen vollzogen werden, ist durch eine Mauer in einen östlichen Teil für die Frauen und einen westlichen Teil für die Männer abgegrenzt. Das *Tempelgebäude* selbst ist im Verhältnis zu den Außenanlagen nicht besonders groß, aber prachtvoll ausgestattet. Sein Inneres zerfällt in einen größeren vorderen Raum und einen nur halb so großen hinteren, das Heiligtum und das Allerheiligste. Im Heiligtum befinden sich der vergoldete Räucheraltar, der siebenarmige Leuchter und der Tisch der Schaubrote. Das Allerheiligste ist leer, man sieht lediglich noch den Steinblock, auf dem einst die Bundeslade stand. Vor dem Tempel erhebt sich der große *Brandopferaltar* aus unbehauenen Steinen, auf dessen Südseite ein allmählich ansteigender Aufgang hinaufführt. Dazwischen ist das Waschbecken für die Priester aufgestellt, und nördlich vom Altar breitet sich die Stätte zum Schlachten der Opfertiere aus: Ringe im Fußboden zum Anbinden der Tiere, marmorne Tische zum Hautabziehen und Waschen der Eingeweide, Säulen zum Aufhängen der geschlachteten Tiere.

Zahlreiche *Priester und Leviten* sorgen dafür, daß der Kult in der rechten Weise vollzogen wird. Zwei Wochen während des Jahres und an den Festtagen leisten sie den Dienst am Heiligtum. Mit ihnen zusammen ist die sogenannte Standmannschaft im Tempel anwesend; Palästina ist nämlich in 24 Bezirke gegliedert, und Vertreter aus diesen Bezirken haben mit je einer Priesterklasse zusammen Tempeldienst. Die Priester tragen während ihrer Funktionen im Heiligtum eine besondere Kleidung: eine kurze Hose aus weißer Leinwand, darüber einen bis auf die Knöchel reichenden, ziemlich anschließenden Leibrock mit engen Ärmeln, ebenfalls aus weißem Linnen, einen Gürtel mit eingestickten Ornamenten und einen Turban als Kopfbedeckung. Wie die weiße Kleidung Symbol der Reinheit ist, so werden von den diensttuenden Priestern auch Nüchternheit und levitische Reinheit gefordert: Sie dürfen keine berauschenden Getränke zu sich nehmen und sind zu einem täglichen Tauchbad verpflichtet.

Am frühen Morgen und am Nachmittag wird am Tempel ein *Opfergottesdienst* gefeiert, das Tamid (= Beständige). Der Morgengottesdienst soll hier kurz beschrieben werden. Die wichtigste Vorbereitung ist die Verlosung sämtlicher anfallenden priesterlichen Dienste. Dann folgt die *Schlachtung* eines einjährigen fehlerlosen männlichen Lammes, das Ausgießen des Blutes an die vier Seiten des Brandopferaltars, das Niederlegen der einzelnen Teile des Tierkörpers auf die Altarrampe und das Salzen derselben. Gleichzeitig werden das tägliche Speiseopfer und das Speiseopfer des Hohenpriesters, beide bestehend aus mit Öl vermischtem Mehl, und der Wein zum Trankopfer auf den Altar niedergesetzt. Die Speiseopfer werden ebenfalls gesalzen.

Nach einem Gebet und Lobspruch rezitieren die Priester den Dekalog und das „Höre, Israel", das Schema-Bekenntnis, das aus den drei Schriftabschnitten Dtn 6,4–9; Dtn 11,13–21 und Num 15,37–41 zusammengesetzt ist.

Dann wird zuerst das *Räucheropfer*[1] dargebracht. Die Priester nehmen Kohlen vom Brandopferaltar, künden durch einen Trommelschlag die heilige Handlung an und begeben sich mit dem Räucherwerk in das Innere des Tempels. Hier werden die Kohlen auf den Räucheraltar gehäuft, und der amtierende Priester drückt das aus verschiedenen Harzen und Gewürzen zusammengemischte Räucherwerk auf die Kohlen. Anschließend versammelt sich ein Teil der Priester vor dem Heiligtum, um der betenden Volksmenge mit bis über den Kopf hinaus erhobenen Händen den Priestersegen zu erteilen. Dabei rezitieren sie feierlich Num 6,24–26. Die Gemeinde antwortet mit dem Lobspruch: „Gepriesen sei der Name seines herrlichen Reiches immer und ewig."

Der Priesterzug bewegt sich sodann auf die Altarrampe, um die einzelnen *Opferstücke* des Lammes mit Schwung *in das Feuer* zu werfen. Auch ein Teil des täglichen Speiseopfers und das ganze hohepriesterliche Speiseopfer wandern ins Feuer. Beim Ausgießen des Trankopfers an die Westseite des Altars beginnen auf

[1] Vgl. Lk 1,8–11.

Trompetenstöße hin die Leviten mit Musik und Gesang. Sie stehen auf einer Estrade und tragen verschiedene Begleitinstrumente in ihren Händen. Der vorgeschriebene Tagespsalm wird in Abschnitten gesungen, und bei jeder Pause wirft sich die Gemeinde zur Anbetung nieder. Der Tempelgottesdienst erreicht mit dem letzten Trompetenstoß der Priester und dem Niederfallen der Gemeinde zur Erde sein Ende.

Der Sabbat und die Festtage sind dadurch ausgezeichnet, daß zum Morgen- und Abendtamid noch zusätzliche Gemeindeopfer treten. Die Hauptmasse der Opfer überhaupt aber bilden die *zahlreichen Privatopfer,* die aus den verschiedensten Anlässen dargebracht werden: so z.B. das Schuldopfer für begangene Sünden, das Gelübdeopfer vor Antritt einer gefahrvollen Reise, das Dankopfer für die Errettung aus der Not. An der Spitze steht das tägliche kaiserliche Brandopfer, das nach Philo[2] in zwei Lämmern und einem Stier besteht.

Die *Hauptfesttage* sind: im Frühjahr das *Paschafest,* das zur Erinnerung an die Befreiung aus Ägypten gefeiert wird. Die Paschalämmer, die von den Familien oder Pilgergruppen verzehrt werden, müssen im Tempelvorhof geschlachtet sein; ihr Blut wird an den Fuß des Brandopferaltars gegossen. Fünfzig Tage nach dem Paschafest wird das Wochen- oder *Pfingstfest* gefeiert. Ursprünglich ist es ein Dankfest für die beendete Getreideernte, in neutestamentlicher Zeit ist auch die Erinnerung an die Gesetzgebung auf dem Sinai damit verbunden. Als besondere Gabe werden Brote von neuem Getreide und Fruchtkörbe zum Tempel gebracht.

Das eigentliche Erntedankfest ist das *Laubhüttenfest* im Herbst, das man sieben Tage lang im Freien feiert und das auch im Tempel durch besondere Zeremonien ausgezeichnet ist. Beim morgendlichen Tamidopfer wird ein Feststrauß geschwungen, während die Leviten das große Hallel (Ps 113–118) singen. Am Abend des ersten Tages ist der Frauenvorhof illuminiert. Täglich veranstalten

[2] Legatio ad Caium § 23 u. 40.

die Priester eine Prozession um den Brandopferaltar und gießen eine Wasserspende an *die* Seite des Altars, von wo der regenbringende Wind kommt.

Besonders groß ist die sühnende Kraft des Kultus am *Großen Versöhnungstag,* der ebenfalls in die Herbstzeit fällt. Das Volk demütigt sich durch Fasten, während der Hohepriester das Allerheiligste betritt und hier das Blut der Opfertiere aussprengt.

2. Das Synagogeninstitut

Der Name Synagoge kommt aus dem Griechischen. Συναγωγή meint die Versammlung, die Gemeinde oder den Versammlungsraum, das Gemeindehaus. Beide Bedeutungen sind nicht immer scharf voneinander abzusetzen. Die *Ursprünge* der Synagoge liegen *im dunkeln.* Anzunehmen ist, daß der ideelle Wert des Tempelkultes auf die Dauer dem unmittelbar praktischen religiösen Leben nicht genügt. Nicht alle Mitglieder der Standmannschaft können zwei oder mehrere Male hinauf nach Jerusalem ziehen, sie versammeln sich deshalb möglicherweise zur Zeit der täglichen Opfer in ihren Heimatorten unter freiem Himmel oder bei schlechtem Wetter in einem Gemeindehaus zu Gebet und Schriftlesung. Weiter suchen die in der ausgedehnten Diaspora lebenden Juden nach einem Ersatz für den Tempelkult, und die zunehmende Relevanz des Sabbats wird zu einem entscheidenden Motiv für gottesdienstliche Zusammenkünfte. Es ist aber schwer zu sagen, ob der Synagogengottesdienst in Palästina oder in der Diaspora seinen Anfang genommen hat. In neutestamentlicher Zeit jedenfalls gilt die Synagoge als uralte Einrichtung: Sowohl im Mutterland wie in der Zerstreuung finden sich in den meisten Städten und größeren Dörfern Synagogen. Die erste inschriftliche Bezeugung einer Synagoge stammt aus Schedia in Ägypten und wird ins 3. Jahrhundert v. Chr. datiert. Auf der Insel Delos gefundene Ruinen gehen ins 2. oder 1. Jahrhundert v. Chr. zurück.

Über die bauliche Gestalt der Synagoge zur Zeit Jesu ist wenig bekannt. Man hat – ähnlich wie auf Delos – mit einem einfachen Typus zu rechnen: eine *rechteckige Halle mit Eingangstor und in Längsrichtung auf Jerusalem hin orientiert.* Später läßt sich bei fast allen größeren Synagogenruinen eine dreischiffige Anlage erkennen, oft mit drei Eingangspforten und einem Portikus vor der Hauptfront. Man errichtet die Synagogen gern am höchsten Punkt der Stadt, damit sie die umliegenden Häuser überrage, oder an einem Bach oder Fluß, damit man das Wasser für die rituellen Waschungen unmittelbar zur Verfügung habe.

Der Innenraum der Synagoge ist in zwei Teile gegliedert. Dem Eingang gegenüber liegt *das Heilige;* es ist durch einen Vorhang von dem eigentlichen Gottesdienstraum abgetrennt. In dem Heiligen befindet sich – wahrscheinlich in einer Wandnische – der transportable hölzerne Schrein. Er ist innen mit einer Decke ausgelegt und dient zur Aufnahme der Schriftrollen. Die *Torarolle* ist der heiligste Gegenstand der Synagoge. Sie enthält – auf Pergament und in Kolumnen geschrieben – den ganzen Pentateuch. Die einzelnen Blätter sind zusammengeklebt bzw. mit Sehnenfäden zur Rolle zusammengenäht. Anfang und Ende der Rolle sind an Walzen befestigt, die ein bequemes Auf- und Zurollen und auch Tragen der Schriftrolle gestatten. Zur Schonung werden die Rollen in ein Tuchfutteral gesteckt.

In dem *eigentlichen Gottesdienstraum* stehen die Holzbänke für die Besucher mit Blickrichtung auf das Heilige; an den Seitenwänden befinden sich oft behauene Steinbänke. Ungefähr das letzte Viertel des Synagogenraumes ist erhöht und stellt gleichsam eine Bühne dar. Auf ihr haben mit Blick zur Gemeinde die Ältesten und Lehrer ihre Sitze[3]. Vorn, in der Mitte der Bühne, steht das Lesepult, über das eine gestickte Decke ausgebreitet ist. Zur weiteren Ausstattung der Synagoge sind noch zu rechnen die Widderhörner und Trompeten zur Ankündigung des Sabbats, der Fest- und Fasttage und im Eingang mit Wasser gefüllte Krüge für die rituelle Reinigung. Gebäude und Einrichtungen der Synagoge

[3] Vgl. Mt 23,6.

sind Sache der bürgerlichen Gemeinde, sie hat auch das Eigentumsrecht. Zuweilen sind mit der Synagoge noch andere Räumlichkeiten verbunden, wie Schulzimmer, Herbergen oder ein Gerichtssaal.

Es gibt nur zwei auf Lebenszeit bestellte Synagogenbeamte: der *Synagogenvorsteher* und der Synagogenwärter. Ersterer zählt zu den angesehensten Männern der Gemeinde. Seine Hauptaufgaben sind die Leitung und Aufsicht beim Gottesdienst, die Verwaltung des Synagogengebäudes und seiner Einrichtungen. Er bestimmt die Personen, die als Vorbeter oder Lektoren fungieren sollen. Jeder männliche Jude nämlich, der das Gebetsritual beherrscht, darf die betende Gemeinde vor Gott vertreten, und wer Hebräisch lesen kann, darf das Lektorenamt ausüben. Der Synagogenvorsteher fordert weiter Priester, Schriftgelehrte oder geeignete Fremde zum Predigen auf. Wenn es nötig ist, tritt er auch selbst als Lektor auf. Der *Synagogenwärter* ist ihm untergeordnet, er hat die Küsterdienste zu verrichten. Er muß die Schriftrollen aus dem Schrein entnehmen und sie nach der Lesung wieder dorthin zurückbringen. Er ruft die Vorbeter, Lektoren und Prediger zur Wahrnehmung ihres Amtes auf und gibt der Gemeinde das Zeichen zum Einsatz für die von ihr zu sprechenden Responsorien und Gebete. Auch das Blasen des Hornes und der Trompeten ist seine Aufgabe.

3. Der Synagogengottesdienst zur Zeit Jesu

An verschiedenen Stellen des Neuen Testaments ist von einem Synagogengottesdienst die Rede (Lk 4,16–30; Apg 13,5.14–43; 15–21). Die übrige Quellenlage gestattet es, einen solchen Gottesdienst in seiner Grundstruktur darzustellen. Ganz allgemein gilt, daß ein Gottesdienst nur abgehalten werden darf, wenn zehn kultfähige männliche Personen anwesend sind. Hauptgottesdiensttage sind die *Sabbate und Feiertage,* an denen man sich – wohl im Hinblick auf die Zeiten des Tamidopfers – am Morgen und am Nachmittag zum Gottesdienst versammelt. Auch an den Markttagen, d. h. montags und donnerstags, findet in den Städten ein Gottesdienst statt. Man will damit der Landbevölkerung Gelegenheit geben, einen vollständigen Gottesdienst mitzufeiern, wozu sie in ihren Dörfern nicht immer Gelegenheit haben.

Der Synagogengottesdienst ist ein reiner Wortgottesdienst, der wichtige Elemente aus der Gebetsliturgie des Tempels übernommen hat. Man kann fünf Hauptteile unterscheiden: Bekenntnis, Gebet, Segen, Lesung und Predigt. Die Gemeinde sitzt nach Geschlechtern getrennt auf den Bänken der Synagoge. Der Gottesdienst beginnt damit, daß der Synagogenwärter einen Gottesdienstbesucher aufruft zum *Sprechen des Bekenntnisses.* Der Aufgerufene begibt sich zur Bühne und spricht, der Gemeinde zugewandt, im Stehen und auswendig zwei Lobsprüche, die den Bildner des Lichtes und den Herrn, der sein Volk in Liebe erwählt hat, preisen. Die Gemeinde antwortet jedesmal mit „Amen". Darauf werden – wie in der Tempelliturgie – die drei Teile des Bekenntnisses „Höre, Israel" vom Vorbeter und den Anwesenden rezitiert. Den Schluß dieser Schema-Rezitation bildet im Morgengottesdienst noch eine Benediktion, die mit den Worten „Gepriesen seist du, Herr, der Israel erlöst hat" endet und die von der Gemeinde wiederum durch „Amen" bekräftigt wird.

Unmittelbar danach wird das *eigentliche Gebet, die Tephila,* verrichtet. Sie besteht aus drei Lobsprüchen, zwei Bitten und einem Dankgebet[4], wobei nach der dritten Benediktion noch ein Gebet eingeschoben wird, das sich auf den Sabbat oder Festtag bezieht. Die Tephila wird von dem Vorbeter, einem Gemeindemitglied, vorgetragen. Der Synagogenwärter fordert den Betreffenden dazu auf, dieser sträubt sich zunächst aus Bescheidenheit, spricht dann aber die Tephila, vor dem Toraschrein stehend, die still mitbetende Gemeinde im Rücken. Die einzelnen Gebetsteile

[4] Etwa vom 2. Jahrhundert n. Chr. ab umfaßt dieses Gebet 18 Teile und wird deswegen Achtzehngebet genannt.

sind kurz und werden durch das „Amen“ der Gottesdienstteilnehmer bekräftigt. Gepriesen wird der Schöpfer des Himmels und der Erde, der Starke, der die Lebenden versorgt und die Toten lebendig macht, der Heilige, außer dem es keinen Gott gibt. Ihn bittet man, auf dem Zion zu wohnen und seinem Volk Frieden zu schenken, ihm dankt man für alles Gute, das er Israel getan hat.

Vor dem letzten Gebetsteil schiebt der Vorbeter noch den *aaronitischen Segen* aus Num 6,24–26 ein. Wenn allerdings Priester anwesend sind, werden sie vom Synagogenwärter gebeten, die Gemeinde zu segnen. Diese tun es barfuß und mit bis zur Schulterhöhe erhobenen Händen. Für den Segenstext ist die heilige, d. h. die hebräische Sprache verpflichtend.

Der mehr belehrende Teil des Gottesdienstes beginnt mit der *Toralesung.* Der Pentateuch ist zu diesem Zweck in 154 Abschnitte eingeteilt, die in einem dreijährigen Zyklus an den Sabbaten fortlaufend vorgelesen werden. Für die Feier- und Wochentage sind eigene Lesungen reserviert. Die Toralesung wird von mehreren Personen übernommen, die des Hebräischen mächtig sind. Es ist Aufgabe des Synagogenvorstehers, sich tags zuvor mit Vorbetern und Lektoren ins Benehmen zu setzen, damit sie sich auf ihr ehrenvolles Amt in der rechten Weise vorbereiten können. Nachdem die Torarolle auf dem Lesepult ausgebreitet ist, beginnt der erste Lektor – nach einer Benediktion über die Tora – mit wohldisziplinierter Stimme seinen Abschnitt vorzutragen. Ihm folgen die anderen Vorleser, und der letzte von ihnen beschließt die Lesung mit dem Spruch: „Gepriesen seist du, Herr, unser Gott, König der Welt, der uns die Tora der Wahrheit gegeben und ewiges Leben in uns gepflanzt hat. Gepriesen seist du, Herr, Geber der Tora!“ Die Gemeinde antwortet: „Amen“. In ähnlicher Weise werden am Sabbatvormittag und in den Festgottesdiensten dazu noch *Lektionen aus den Propheten* vorgetragen, eine feste Perikopenordnung existiert allerdings nicht. Da in den Tagen Jesu Aramäisch die Muttersprache der palästinischen Juden ist, müssen die Schriftlesungen gleichzeitig von einem Dolmetscher, dem Methurgeman, *ins Aramäische* übersetzt werden, so daß also Lektor und Dolmetscher bei jedem Vers abwechselnd zu Wort kommen.

Der freie *Predigtvortrag* bildet den Schlußteil des Synagogengottesdienstes. Vom Prediger, dem Darschan, verlangt man, daß er in kurzem und erbaulichem Vortrag die Schriftlektion erläutert und ihre Anwendung den Hörern ans Herz legt. Der Darschan sitzt während seiner Predigt und redet in der Volkssprache. Zum Schluß erhebt sich die Gemeinde, während die Schriftrolle zum Toraschrein zurückgebracht wird. Der so vollzogene Synagogengottesdienst gibt den Juden die Möglichkeit, aktiv und regelmäßig am liturgischen Geschehen teilzunehmen, was in dem einen Tempel mit seiner komplizierten hierarchischen Organisation nicht möglich ist.

§ 15. „Volksreligionen" und ihre Kulte

Literatur: *F. Cumont,* Die orientalischen Religionen im römischen Heidentum (Darmstadt [4]1959). *H. Jonas,* Gnosis und spätantiker Geist, Bd. I (Göttingen [3]1964) und Bd. II ([2]1966). *K. Prümm,* Religionsgeschichtliches Handbuch für den Raum der altchristlichen Umwelt (Freiburg [2]1954). *R. Reitzenstein,* Die hellenistischen Mysterienreligionen (Berlin [4]1966). *K. Rudolph,* Die Gnosis. Wesen und Geschichte einer spätantiken Religion (Göttingen 1978). *W. Schmithals,* Neues Testament und Gnosis (Darmstadt 1984). *K.-W. Tröger,* Judentum – Christentum – Gnosis, in: Kairos 24 (1982) 159–170. *M. J. Vermaseren,* Mithras. Geschichte eines Kultes (Stuttgart 1965). *P. Wendland,* Die hellenistisch-römische Kultur in ihren Beziehungen zum Judentum und Christentum (Tübingen [4]1972). *A. Wlosok* (Hrsg.), Römischer Kaiserkult (Darmstadt 1978).

1. Die Götter Griechenlands und Roms

Daß das religiös-kultische Leben in seinen verschiedenen *heidnischen Formen* zur neutestamentlichen Zeit *noch voll wirksam* ist, bezeugen einige Stellen des Neuen Testaments. Lukas läßt Paulus beim Anblick der vielen Götzenbilder in Athen innerlich tief erregt werden (Apg 17,16). In Ephesus läßt er den Silberschmied Demetrius eine Rede halten über die große Göttin Artemis, „die doch ganz Asien, ja alle Welt verehrt" (Apg 19,27). Paulus erinnert die Thessalonicher daran, daß sie sich von den Götzen zum lebendigen und wahren Gott bekehrt haben (1 Thess 1,9). Er macht den Korinthern klar, daß es keinen Götzen in der Welt gibt und daß sich hinter den „vielen Göttern" nur die bösen Geister verbergen (1 Kor 8,5; 10,21).

Für die *Griechen sind die Götter Wirklichkeiten,* d.h. Verkörperungen der in der Natur wirksamen Kräfte und Personifizierungen jeglicher Vollkommenheiten. Der Mensch ist deswegen abhängig von diesen Göttern und bedarf ihrer Gunst und ihres Schutzes. Zeus ist der oberste Gott, durch Donner und Blitz tut er seine Macht kund. Poseidon beherrscht das Meer mit seinen Stürmen. Athene ist sowohl mächtige Beschützerin der Städte als auch Geberin von Weisheit. Aphrodite weckt die Liebe und verleiht Schönheit. Apollo ist der Hüter von Recht und Ordnung, er bringt den Kranken Heilung, schenkt dem Ackerboden Fruchtbarkeit und inspiriert die Wissenschaftler und Künstler. Dionysos ist der Gott der vitalen Kräfte, er wird im Rausch und in überschäumender Freude erfahren und ist deswegen auch der Spender des Weins.

Aber trotz ihrer größeren Macht und Unsterblichkeit bleiben die griechischen *Götter dem Schicksal unterworfen.* Sie haben ihre Schwächen und somit wenig Einfluß auf die menschliche Sittlichkeit. Man verehrt die einzelnen Götter, um sie bestimmten persönlichen Anliegen geneigt zu machen. Dazu stellt man ihre *Bilder* auf, errichtet *Altäre und Tempel* und nimmt an den kultischen Veranstaltungen teil. Zahlreiche Tage des Jahres sind den Göttern geweiht. An ihnen tätigen bestimmte Glieder der Gemeinschaft ein Tieropfer. Hierbei werden nur geringe Teile für die Gottheit verbrannt, das übrige Fleisch wird bei einem Gemeinschaftsmahl gegessen. Zu den hohen Festtagen gehören auch die zu Ehren der Götter veranstalteten Spiele.

Die *Götter der Römer* entsprechen im wesentlichen denen der Griechen, wenn auch die Namen verschieden sind. So sind z.B. Zeus zu Jupiter, Aphrodite zu Venus, Poseidon zu Neptun und Athene zu Minerva geworden. Eine spezielle häusliche Verehrung genießen die Penaten als Herren der Vorratskammern [1], die Laren als Beschützer der ganzen Familie und der Genius des Hausherrn. Die Sorge für den Kult obliegt primär dem Staat, dem die Priester als Beamte unterstellt sind. Augustus läßt z.B. – um die römische Religion vor Aufklärung und Überfremdung zu be-

[1] Penus = Vorratskammer.

wahren – zahlreiche Tempel wiederherstellen und die Priesterämter wieder zu Ehren bringen.

2. Andere religiöse Praktiken

Neben der eigentlichen Götterverehrung sind abergläubische Vorstellungen weit verbreitet. Aus der Fülle der damit verbundenen Praktiken sollen die wichtigsten kurz vorgeführt werden.

a) Die Heilgötter

Um von mancherlei Krankheiten befreit zu werden, nimmt man zu Heilgöttern seine Zuflucht. Besonders geschätzt ist die Heilkunst des Asklepios. Unter den zahlreichen ihm geweihten Heiligtümern sind die von Epidaurus und Pergamon am bekanntesten. In den inschriftlich überlieferten Heilungsgeschichten wird die Inkubation als Hauptheilungsmittel bezeichnet. Der Kranke schläft im Heiligtum und träumt dabei von dem wunderhaften ärztlichen Eingriff des Asklepios. Als weitere Heilmittel werden das belebende Quellwasser und die heilige Schlange genannt. Als Votivgaben spendet man Nachbildungen der geheilten Glieder, je nach Vermögen aus Gold, Silber oder Holz.

b) Das Zauberwesen

Das Zauberwesen hat den Dämonenglauben zur Grundlage. Man will die bösen Geister abwehren und sich die guten dienstbar machen. Die Zaubermittel stammen aus dem materiellen oder immateriellen Bereich. Wichtig ist dabei, das dem bestimmten Dämon zugehörige Sympathiemittel ausfindig zu machen; der *Sympathieglaube* meint nämlich, durch physikalisch-chemische Beobachtung gewisse Sympathien oder Antipathien zwischen Dämonen, Fauna, Flora und den Menschen feststellen zu können. Es werden deshalb die ausgefallensten Dinge, wie Tierhaare, Zehennägel,

Mist und Blut, zu Salben, Tränken und Räucherwerk zusammengemixt. Als immaterielle Sympathiemittel benutzt man magische Formeln, Gebete und aus vielen Buchstaben bestehende geheimnisvolle Wortgebilde. Auf diese Weise möchte man den unbekannten Namen des Dämons herausfinden; denn wer den Namen weiß, hat Macht über seinen Träger. Als Phylakterien trägt man Amulette, wie Ringe, Arm- und Halsbänder. Weiterhin stellt man Bilder der Dämonen als Zauberfiguren auf. Den Amuletten verwandt sind die Darstellungen nach dem Prinzip des Analogiezaubers, d.h., um Schaden zu beseitigen, wird ein Bild des Schädlings angefertigt.

c) Die Astrologie

Die Astrologie geht von der Vorstellung aus, daß alles irdische und menschliche Geschehen sich in der Konstellation der Gestirne vorgezeichnet findet. Insofern ist eine genaue Prognose bei jedem Ereignis und Vorhaben möglich. Sterne und Tierkreisbilder der Geburtsstunde (Horoskop) sollen für das ganze Leben des Menschen bestimmend sein. Bei allen wichtigen Entscheidungen bedient man sich der astrologischen Bücher. Es gibt auch Winkelastrologen, die den Wünschen des Volkes entgegenkommen und ihre Weisheit gegen Geld feilbieten. Das Befragen der Gestirne ist weit verbreitet; fast alle römischen Kaiser pflegen privat diesen Aberglauben.

d) Die Mantik

Die Mantik äußert sich in mannigfachen Formen. *Orakel* werden über Erdschlünden in der Nähe von Quellen erteilt. Viele Menschen suchen in Delphi Auskunft und Rat. Die Priester legen die Fragen der Pythia vor, einer Priesterin, die, auf dem Dreifuß sitzend, die Antwort des Gottes Apollo mitteilt. Beliebt ist auch das schriftliche Orakel in der Form des Loses: Man zieht aus einem Behälter Orakelverse, die für das Leben des Befragers richtungweisend sein sollen.

In der *Traumdeutung* werden Analogien aufgesucht, um den Trauminhalt mit den Verhältnissen des Träumenden in Verbindung zu bringen. Dabei spielen Allegorie und Symbolik eine besondere Rolle. Jedem Traum kann so ein Sinn abgewonnen werden. Artemidor von Ephesus (2. Jahrhundert n. Chr.) hat die ältere Traumliteratur in einem Buch zusammengefaßt.

Schließlich wird bei den Römern noch die Wahrsagung aus dem *Vogelflug* und den *Eingeweiden* geschlachteter Tiere besonders gepflegt.

3. Die Mysterien

Unter den Mysterien versteht man Geheimkulte, die vom 7. Jahrhundert v. Chr. bis zum 4. Jahrhundert n. Chr. geübt werden. Alle diese Kulte tragen bestimmte gemeinsame Züge: (1) Die Einzelheiten des Ritus sind durch ein Schweigegebot (Arkandisziplin) vor Profanierung geschützt. – (2) Es wird dem Eingeweihten ein jenseitiges Heil verheißen, ein Zustand ohne Schicksalsschläge, Krankheit und Tod in dauernder Gottesgemeinschaft. – (3) Garantiert wird dieses Heil durch einen Initiationsritus und einen Hauptritus; in beiden wird dem Mysten die Schau der Gottheit und die Ausstattung mit unsterblicher Wesenheit zuteil. – (4) Der zentrale Gedanke des Mythus ist ein jugendlicher Gott, der stirbt und durch die Liebe einer Göttin zu neuem Leben erweckt wird. – (5) Daher stehen Mythus und Festzeiten der Götter zumeist in deutlichem Zusammenhang mit dem Wechsel der Vegetation: leidvolles Sterben, frohes Auferstehen.

Unsere Kenntnis der Mysterien ist wegen des Schweigegebots nur sehr unvollkommen. Aus Denkmälern, Inschriften und Kirchenväterzitaten läßt sich jedoch einiges eruieren.

In *Eleusis* erzählt der Mythus von der Demeter, der Göttin des pflanzlichen Wuchses, deren Tochter Kore vom Beherrscher der Unterwelt geraubt und schließlich von der Mutter wiedergewonnen wird. Der Initiationsritus beginnt mit der Darbringung eines

Reinigungsopfers. Dann bewegt die Priesterin über dem verhüllten Haupt des Mysten ein Getreidesieb (Segenszauber) und gießt eine Schale Wasser über sein entblößtes Haupt (Taufe). Zum Hauptritus gehören die Prozession zum Heiligtum, eine Art Bekenntnis und ein Wiedergeburtsritus, bei dem der Myste seinen Leib mit einer Nachbildung des Mutterschoßes der Demeter berührt. Zum Schluß wird ihm eine Ähre als Symbol der Fruchtbarkeit überreicht.

Beim *Dionysos-Mysterium* wird der verschwundene bzw. getötete Gott durch die Töne einer Wasserorgel oder einer Trompete wiederbelebt. Zur Initiation des Mysten gehören: Fasten, Meiden von Geschlechtsverkehr, Reinigungsbad, Verschleierung und Ausschütten einer Kiste mit Früchten und einem gebackenen Phallus als Sinnbildern der Fruchtbarkeit. Höhepunkt des Hauptritus ist der ekstatische Tanz, bei dem der Gott Besitz vom Mysten ergreift.

Im *Kybele-Mythus* wird um den von einem Eber getöteten jugendlichen Gott Attis, den Sohn der Muttergöttin Kybele, getrauert. Dabei ritzen sich die Kultgenossen an Armen und Schultern und sprengen das Blut auf eine Art Altar. Zwei Tage später feiert man die Auferstehung des Gottes und fährt das Kultbild der Kybele an einen Fluß, um es zu baden. Für den Mysten sind ein heiliges Mahl und das sogenannte Taurobolium bezeugt. Hierbei steigt er in eine mit einem Holzrost bedeckte Grube, über der ein junger Stier geschlachtet wird. Er läßt das Stierblut über seinen Kopf rinnen und trinkt auch davon. Anschließend wird er mit einem weißen Gewand bekleidet und von den Umstehenden als Wiedergeborener begrüßt. Dieser Ritus kann alle zwanzig Jahre wiederholt werden.

Das *Isis-Sarapis- oder Osiris-Mysterium* stammt aus Ägypten. Der Kern des Mythus ist folgender: Osiris, der Gatte oder Bruder der Isis, wird von seinem Bruder Typhon in eine Kiste gesperrt und in den Nil geworfen; die in Byblos angeschwemmte Leiche zerstückelt Typhon und verstreut die einzelnen Teile. Isis sucht verzweifelt, findet die Teile und erweckt Osiris zu neuem Leben.

Zum geheimen Ritus gehört neben den üblichen Zeremonien wie Taufe und Fasten noch ein Gang durch die Unterwelt. Am Ende steigt der Myste „göttergleich" empor und erfährt vor dem Kultbild der Isis die Huldigung der Gemeinde.

Das aus Persien stammende *Mithras-Mysterium* erzählt von dem Kampf des jungen Lichtgottes mit einem wilden Stier. Mithras kann diesen Stier töten, doch wächst aus dem Stierblut eine Weinrebe, und aus dem Stierschwanz sprießen Getreideähren. So wird der Tod des Stieres zur Quelle neuen Lebens. Die Einführung in die Kultgemeinde geschieht durch eine Taufe, die von allen sittlichen Vergehen reinigt. Im heiligen Mahl dürfen die Mysten mit Honig und Wein gemischtes Brot und Wasser genießen. Der Mithraskult ist eine ausgesprochene Männerreligion und stellt hohe sittliche Anforderungen an seine Mitglieder. Die Gläubigen sind Mitarbeiter des Gottes bei seinem Kampf für das Gute. Sie werden dafür am Ende der Zeiten vom göttlichen Richter mit Unsterblichkeit belohnt. Die Bösen aber werden durch das Weltfeuer vernichtet. Die Mysten sind in sieben Weihegrade eingeteilt. Zu jedem dieser Grade gehört ein besonderes Symbol, zum Grad des „Soldaten" z.B. eine Tätowierung auf der Stirn. Der Mithraskult ist im ganzen Römischen Reich, ausgenommen Griechenland, verbreitet. Die Mitgliederzahl der einzelnen Gemeinden kann aber, wie die relativ kleinen Heiligtümer beweisen, nicht allzu hoch sein.

4. Der Herrscherkult

Alexander fordert nach seiner Rückkehr aus Indien (324) die Griechen auf, ihn unter die Polisgötter aufzunehmen und ihm entsprechende Verehrung zu zollen. Im Seleukidenreich soll der Herrscherkult die völkisch-kulturell gemischten Reichsteile zusammenhalten. In Rom wird Cäsar kurz nach seinem Tod unter die Staatsgötter aufgenommen, und im Jahre 27 wird ihm der sakrale Titel „Augustus" verliehen. Charakteristisch für den römischen Herrscherkult ist die Tatsache, daß der Kaiser nicht offiziell zu Lebzeiten vergöttlicht werden darf. Praktisch beansprucht Kaiser Octavian Augustus aber göttliche Verehrung, wenn er einen gemeinsamen Tempel für sich und die „Dea Roma" errichten läßt. Später nimmt man es nicht mehr so genau. So läßt Nero seine Gattin Poppäa als Göttin ehren, und Kaiser Domitian legt sich den Titel „Herr und Gott" zu. Die Institution des Kaiserkultes dehnt sich immer weiter aus. Sie gilt als *Symbol des Glaubens an die Ewigkeit des Imperium Romanum* und vermittelt dem Bürger schon im diesseitigen Leben die Erfahrung des Heils. Freilich betet man nicht zu den „neuen Göttern", und die verschiedenen Herrscherkultformen sind im römischen Heer mehr eine Art Religionsersatz.

5. Die Gnosis

Die Gnosis stellt eine weitverzweigte und keineswegs einheitliche religiös-geistige Bewegung dar. Sie ist vorchristlichen Ursprungs und existiert neben dem frühen Christentum. Ihr *Grundzug ist ein scharfer Dualismus.* Auf der einen Seite steht Gott und seine Lichtwelt (Äonen), auf der anderen Seite die Welt der Finsternis und ihre Mächte. Von Uranfang her bestehen die zwei Prinzipien des Lichtes und der Finsternis. Die Schöpfung ereignet sich so, daß aus der Lichtwelt ein Teil in die Welt der Finsternis fällt und sich mit der Materie verbindet. Die menschliche Seele ist als der göttliche Funke in den finsteren Körper verbannt und kann sich selbst nicht daraus befreien. Sie braucht einen Ruf aus der göttlichen Sphäre, einen Erlöser. Die höchste Gottheit erbarmt sich der gefangenen Lichtfunken und sendet eine himmliche Lichtgestalt, die sie über den Rückweg belehrt. Die objektive Erlösung ist abhängig vom subjektiven Glauben des einzelnen, der sich allerdings in *Askese oder Libertinismus* zeigen kann. Oft ist auch von Zeremonien (Sakramenten) die Rede als dem Unterpfand der Erlösung.

In einigen gnostischen Systemen ist ein böser *Demiurg* der Schöpfer der schlechten Welt, und die sieben Planeten bewirken das Schicksal, unter dem die Menschen seufzen. Die unermeßliche Fülle der Lichtwelt dokumentiert sich in Hypostasen und Emanationen, darunter werden personifizierte Begriffe und vergeistigte Zeugungsakte verstanden.

Möglicherweise ist der in Apg 8,9–13 genannte Simon ein Gnostiker. Die gnostische Taufsekte der Mandäer[2] dürfte mit den Schülern Johannes' des Täufers in Verbindung stehen. In den Gemeinden von Korinth, Philippi und Kolossä muß sich Paulus mit gnostischen Lehren auseinandersetzen. Das Johannesevangelium gebraucht in seiner Frontstellung gegen eine Verfälschung des Evangeliums ein gnostisches Vokabular: „Und das Licht scheint in der Finsternis, und die Finsternis hat es nicht ergriffen" (Joh 1,5).

[2] Manda = Gnosis.